綜藝玩很大

10週年有笑有淚全紀錄

綜藝玩很大 — 口述
陳思婷 — 撰文

和《玩很大》一起長大

知名製作人　葉佩容

電視人生裡，《綜藝玩很大》（簡稱《玩很大》）教我如何當一個製作人；我的人生裡，它陪伴我結婚、生子……接著我的孩子從小看《玩很大》，和我一樣與《玩很大》一起長大。

《玩很大》教我想要贏，想要獲勝；接受輸，輸得有風度；它教我熱血、勇敢、寬容，也教我面對離別、理解恐懼、更懂珍惜。

你呢？你的玩很大故事是什麼？看完這本書，和我們分享吧！

因為愛，所以我們聚在一起

製作人　董奕陞

二〇一四年七月十九日晚上十點，《綜藝玩很大》第一集誕生，幾個外景菜鳥啥都來不及害怕，一股腦兒地跟著小葉姐向前衝，就這樣懵懵懂懂地完成第一趟泰國外景。永遠記得那一次的挫折感有多重，尤其是未知的恐懼感，到現在想起來都還在怕！

節目草創時期的紅隊成員很少，一個人要負責好幾項工作，更需要彼此互相分擔和幫忙，培養出的革命情感自然不在話下，當然也有了很多共同的第一次——第一次熬夜趕工縫制服 Logo、第一次辦千人大型見面會、第一次去非洲看動物大遷徙、第一次金鐘獎沒入圍，所有人在車上情緒低落到說不出話、第一次爬合歡山、第一次徒步回臺北、第一次騎重機環島……好多好多，這些回憶都深深烙印在我們心中。

就這樣一年、兩年、三年……一起走過十個年頭，也和玩粉們經歷了大小事，很難想像已經陪伴大家這麼長一段時間，度過人生每個不同的重要階段，很多玩粉從青少年看到成年，從成年看到結婚生小孩，甚至到三代同堂，真的很不可思議，每次見面會看到大家不管距離多遠、天氣好壞，都用行動支持我們，那種感動真的很難用言語形容，常常覺得到底何德何能，能受到大家的喜愛！

老實說，中間有一段時間真的快撐不下去，但每每看到大家的暖心留言，甚至是因為節目而發自內心的開心笑容，瞬間幫我們注入了滿滿的勇氣和力量，有了前進的動力，不敢說要再做幾個十年，但肯定的是，只要你們喜歡，我們就做下去，繼續陪伴大家度過每個週末夜晚，也希望透過這本書的紀錄，一起回顧這段時間發生的點點滴滴，一起感受一路走來的酸甜苦辣，一起互相療癒，一起互相扶持，因為愛，所以我們聚在一起！

目錄

CHAPTER 2

從幕前玩到幕後

CHAPTER 3

玩很大宇宙的擴張

CHAPTER 4

十週年，不小心玩出真感情

CHAPTER 1

玩很大的誕生

一眨眼，十年過去了。歷經五花八門新媒體百花齊放的年代，長江後浪推前浪，電視節目紛紛遭到淘汰或被迫轉型，也許沒有任何人預料到《綜藝玩很大》不僅能夠挺過那些歲月，而且始終屹立不搖。

看似單純的競賽型綜藝節目，隨著時間流逝，大家卻不小心玩出真感情。無論檯面上還是檯面下，過程中有無數歡笑、汗水與淚水交織，每回看見他們赴湯蹈火玩遊戲的身影，忍不住納悶「為什麼每個人都這麼投入其中？不就是玩個遊戲、做做節目效果而已？」的觀眾不在少數，而那些難分難捨的情感究竟從何而來？

是緣分，把紅隊、關主吳宗憲及三位小隊長KID林柏昇、小鬼黃鴻升、坤達湊在一塊兒，一路走來的辛酸血淚，不至於像史詩般壯烈，但不可否認的是，本是平行線的他們因《玩很大》產生交集，為各自的人生帶來或大或小的影響。這十年間發生的事確實一言難盡，一起走過的歲月，絕對是可以向後代子孫炫耀一番的等級。現在就讓我們搭乘時光機回到二〇一四年，從那炎熱的暑假開始細數故事點滴。

選秀選到沒人了，來點新招吧！

一檔節目的誕生，除了天時、地利、人和，還少不了製作團隊天馬行空的企劃。資深玩粉應該對「小葉姐」這號人物並不陌生，入行超過二十年的她，不但是《綜藝玩很大》的元老級幕後人物，也是促成「好看娛樂」打造這檔節目的關鍵首腦之一。

《綜藝玩很大》問世前，小葉姐操刀的是偶像選秀節目《超級接班人》，具有十足的話題與流量，無疑是成功代表作，可是做完第二季後回歸現實面，團隊一致認為全臺灣唱跳兼具的年輕人幾乎都找過一輪，難道還要硬著頭皮做下去嗎？於是「好看娛樂」總經理湯哥向她提議，是時候該寫新案子了。不過製作一檔新節目實屬不易，兩人左思右想，既然是製作外景節目出身，加上那年代的週末綜藝盛行選秀和談話性節目，何不另闢一條路，挑戰大型外景節目。

玩
MR.PLAYER

玩
MR.PLAYER

點子不會沒來由地從天外飛來一筆，事實上，身為製作人，眼觀四處、耳聽八方儼然是習慣，觀察社會上發生的一切，以及了解市場變化，進而周詳盤算下一步該往哪個方向走。「印象中那一年正值選舉，我們感受社會風氣存有一種『對抗』的氛圍，《玩很大》的初衷就這樣誕生了。」說到底，是骨子裡的野心驅使小葉姐跨出舒適圈。

「那時我還是企劃，對我來說是全新挑戰，聽起來好像很有趣、很新鮮，也沒有特別抗拒加入。」現役製作人小董是第一代紅隊的一員，起初被告知要成為《玩很大》的一分子，心中既放心又充滿期待，因為對他和其他同事而言，領頭羊湯哥、小葉姐擁有豐富且扎實的外景經驗，再加上新節目本就沒有任何框架與包袱，創意自然不會受到局限，大好機會的降臨令他躍躍欲試。

十年來，節目定位非常明確，外景結合綜藝，分兩隊透過遊戲進行競賽、廝殺，縱使那時期檯面上較少有這種類型的節目，但終究得先相信直覺去嘗試，再評估後續的效益成功與否。打從一開始他們的內心便清楚知道，《玩很大》的宗旨是帶給觀眾歡笑，如果能夠為大家一成不變的日常帶來一絲療癒感，以節目組的角度來看已經成功一半了。

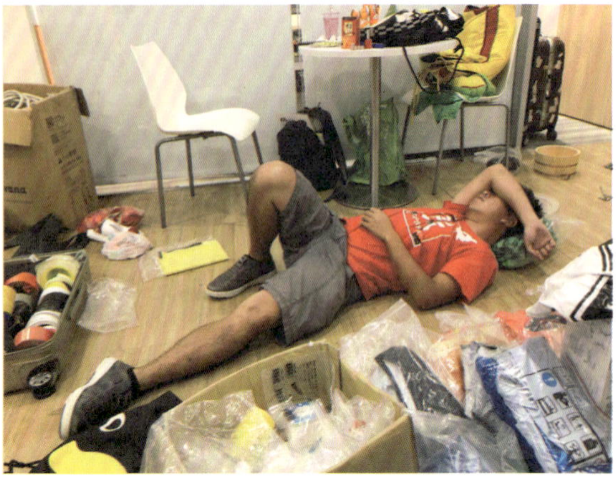

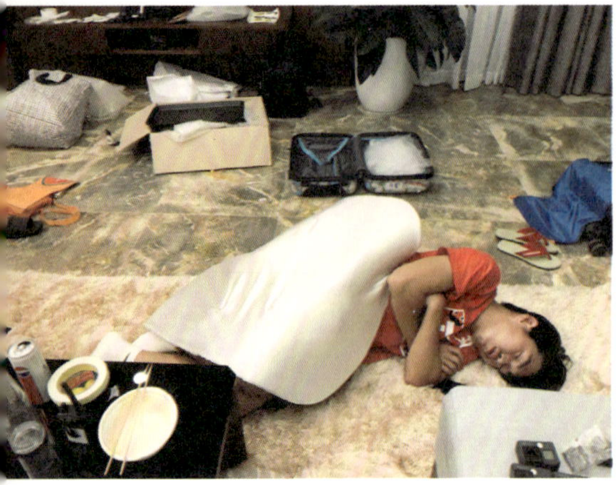

心中的不二人選

有句俗話說，逗人笑的門檻遠比惹人哭還來得高，既然節目最大宗旨在於散播歡樂，如果沒有合適的「掌門人」加乘，製造的笑料肯定會少一味。翻閱腦海中的主持人名冊，講話自帶哏、發言總是犀利又兼具無厘頭的人選，兩人有志一同地想起過往曾有愉快合作經驗的吳宗憲，他們毫無猶豫，甚至沒有任何備案名單，一心一意且盛重地向綜藝天王憲哥發出邀請。

原以為故事的發展會一切順遂，天不怕地不怕的憲哥一定會一口答應接下主持棒，殊不知他深思熟慮了好一陣子。

回想《綜藝玩很大》製作組突然找上自己，已是十年前的事，當年憲哥年紀來到五十歲，手上沒有任何外景節目主持工作，雖然在演藝圈打滾多年，什麼大風大

浪沒見過，但不同於棚內錄製節目，既可以吹冷氣，場景又是相當熟悉的攝影棚；跑外景最困難的無非是需要克服體能上的限制，還有遇到風吹、日晒、雨淋乃是家常便飯，更遑論各式各樣的不可控因素，種種加起來的考量，使憲哥不得不懷疑自身到底有沒有辦法勝任。

「當時剛好是臺灣外景遊戲類節目比較少的時候，要上山下海，心中難免有一些疑惑和忐忑。」話雖如此，憲哥坦言思考時間其實沒有太久，全權衡量後，終究憑藉一股衝勁接受這項挑戰，他想：「唯有親身走遍每一座山、每一片海，才會深刻明白箇中的美好滋味，人生一步一腳印，那些壯闊的美麗景色，此生還有什麼機會能盡收眼底呢？」於是新節目主持人就此拍板定案！知命之年的憲哥，搭配電視圈經驗老道的王牌製作人，兩者迸發出的火花令眾人引頸期盼。

儘管綜藝大老憲哥在螢光幕前總以詼諧幽默的形象示人，時不時吐槽、調侃來賓，抑或擅長拋哏炒熱氣氛，可是多數觀眾不知道的是，做為《玩很大》的靈魂人物，憲哥除了適當地製造效果、掌控每個遊戲流程、摸清楚各個環節該怎麼進行外，他的用心程度遠超乎眾人想像。不論身分是主隊大隊長，還是後來轉成紅隊關主，對憲哥而言，這兩個位置賦予的背後責任截然不同。

舉例來說，隊長要活絡團隊氣氛，以及照料每位來賓玩遊戲時可能漸漸萌生的得失心；現階段的紅隊關主身分，角色如同黃隊、黑隊與紅隊之間的橋梁，同時也是紅隊代言人，不僅要留意兩隊進行的關卡狀況，還要緊緊抓住《玩很大》主

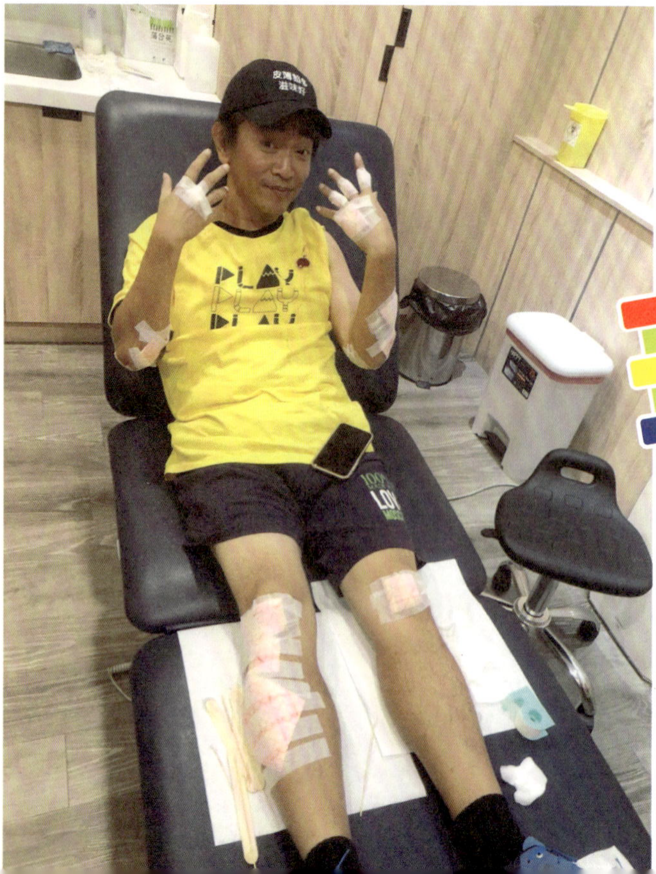

軸，如果不小心偏離，必須立刻把核心價值「公平、公正、公開」展現出來；嚴格把關每一場比賽，並讓比賽變得意義非凡。

玩遊戲要賦予意義?!這麼嚴肅嗎?事實上，對憲哥而言，所謂的意義是他從來不將《玩很大》視為單純闖關遊戲如此輕鬆簡單的工作；節目多半時間在世界各地奔波，縱使螢光幕上看起來嬉嬉鬧鬧，可是無形間身上也背負著名為「全球通」的使命。

CHAPTER 1
玩很大的誕生

憲哥說：「全球通的概念是要對每個國家、每個地區具備非常深刻的了解，舉凡各地的歷史典故、特色、人文風情，任何細節都不能遺漏。」節目所到之處，觀眾才不會形成瞎子摸象的局面，反倒可以有文化內容的加持，真正做到「讀萬卷書不如行萬里路」的目的。而這項上知天文、下知地理的技能，透過每集節目更不難發現每到一個地方，憲哥基本上都能馬上倒背如流說出他所知道的一切，在適當的時機為來賓和觀眾補充最全面的知識，成為名副其實的活字典。

不按牌理出牌的遊戲王者

「黃金三角」成形前，主隊大隊長憲哥一人獨攬天下，與出自不同背景的來賓「過招」，激發出意想不到的趣味性，以紅隊的立場來說，沒有包袱、能夠玩得盡興又自帶「笑果」的來賓可遇不可求。又或者說，從邀請上節目、實際錄製播出後得到的觀眾反饋，這些過程也講求一點運氣成分，有可能工作人員在現場笑倒在地，但電視機前的觀眾看得「霧煞煞」，總之要能夠打造雙贏局面沒有想像中容易。

哪位狠角色具有那樣的本事？KID林柏昇就是最好的例子之一。

早在加入《玩很大》大家庭前，KID最廣為人知的代表作之一非節目《CIRCUS ACTION》莫屬。

玩

二〇〇四年，男子團體「CIRCUS」橫空出世，KID偕同三位好兄弟自拍、自導、自演，標榜天不怕、地不怕，打從心底為了拍攝內容徹底豁出去。秉持著熱血又喜歡發想荒誕企劃的精神，製造一連串經典且史無前例的搞怪創舉，例如尿尿馬拉松、裸奔少年和克難環島，無厘頭的程度簡直沒有上限。現在回過頭看儼然是YouTuber始祖，更為那時大同小異的節目風氣注入全新活力，甚至在年輕人之間掀起一股模仿熱潮。

離開CIRCUS後，KID獨當一面，成為眾人口中「瘋起來會嚇死人」的綜藝咖，是各大綜藝節目爭相邀請的人選。很顯然，KID集《玩很大》製作單位最需要的各項特質於一身，受邀參與第一集錄製是毫不意外的選擇，時不時人來瘋、節目效果滿點，在鏡頭前放超開，願意為了競賽赴湯蹈火，若以收視率考量，一出場確實是讓人安心的存在。變成大家認定的固定班底雖是無心插柳，卻也相當合理。

當年不少製作單位搶著敲這位當紅炸子雞通告，適逢《玩很大》有意把固定班底的KID晉升成小隊長，不料另一檔節目的主持人邀請函也同時遞上。「我當初

綜藝玩很大
Mr. PLAYER

其實被蒙在鼓裡，經紀人沒和我講，我心中比較想待在《玩很大》。老實講，我覺得當時自己還不成氣候，去別的節目可能是擔任主持人，在《玩很大》名義上是主持人，但定位是小隊長，我會比較安心，還有憲哥在前面擋著的感覺。」

這席話表面上是對自己的主持能力不夠有自信，實則是ＫＩＤ深受《玩很大》團隊氛圍吸引，他說不清明明才錄製幾集而已，與團隊相處時間不是太長，怎麼歸屬感就此油然而生?!「我感覺這個團隊和其他製作團隊不太一樣，也因為我們想要突破傳統綜藝節目的框架，大家的想法都很特別，很願意嘗試任何可能，畢竟我不是受過傳統訓練出來的藝人，是比較無厘頭的類型。」

即便郎（紅隊）有意、妹（ＫＩＤ）有情，仍是高層長官握有決定權。他誇張地形容，那陣子為了祈求和《玩很大》「配對成功」，天天拜拜，對神明喊話。

「在馬來西亞登嘉樓那幾天，我真的非常痛苦，我知道這次錄影結束就要離開《玩很大》了，每天都很賣力。印象很深刻的是我玩到瘋掉，把衣服全部脫掉跳進水庫，製作人也一起亂叫，包含攝影師、妝髮師都在玩，而且他們竟然同意我

綜藝玩很大
登嘉樓 天堂地獄之爭
節目效果 請勿模仿
KID+惟毅大冒險時間
不要看啦

綜藝玩很大
登嘉樓 天堂地獄之爭
節目效果 請勿模仿
綜藝玩很大

綜藝玩很大
登嘉樓 天堂地獄之爭
節目效果 請勿模仿
KID+惟毅大冒險時間

做這件事情。」回首那段過往仍記憶猶新，ＫＩＤ說那天對他而言是非常重要的日子，就像是送給他的畢業旅行。

「他們愈是這樣愛我，我就愈不捨，每錄完一關，我還會默默地在旁邊難過，不自覺很想掉眼淚，忍到晚上要錄最後一關時，我完全崩潰了。」

和ＫＩＤ擁有革命情感的小董說：「雖然團隊對ＫＩＤ即將晉升小隊長一事心知肚明，仍刻意安排假裝是最後一次拍大合照的環節。」依依不捨之際，在得知可以繼續留在節目且身分轉換為小隊長的剎那，ＫＩＤ宛如搭乘雲霄飛車，所有失落馬上煙消雲散。

「假裝要把ＫＩＤ換掉那一集特別有意思，看著野人爆哭，再把小隊長的背帶披到他身上……整個過程都看見他真情流露！」多年來和ＫＩＤ擁有無數美好回憶的憲哥，對於那段過往難以忘懷。

綜藝玩很大
登嘉樓 天堂地獄之爭

綜藝玩很大
登嘉樓 天堂地獄之爭
賀 瘋面仔KID
晉升 綜藝玩很大 小隊長

ＫＩＤ說：「沒想到我會在那天變成小隊長，開啟這趟十年的旅程。我覺得接下小隊長是很多因緣際會促成的，從來沒有想過會有這麼一天。就像憲哥常講的，老天爺要給你的，你怎樣跑都跑不掉。」ＫＩＤ笑得有些曖昧，也許冥冥之中自有注定，他突然想起和團隊的第一次泰國行，儘管不覺得自己是個咖，但奇妙的是錄製過程中，他一派輕鬆且幾乎勝券在握，認為節目播出後一定會合觀眾胃口，並強調：「這不是馬後砲喔！」

三個臭皮匠，勝過一個諸葛亮

坤達與《玩很大》的故事，最一開始發生在越南（果然是「越南達」）的富國島，八字還沒一撇。

做為來賓受邀登場，本來他沒有想太多，加上不是強硬做節目效果的個性，在一票熟面孔的綜藝咖之中，遊走在戲劇圈的坤達反而顯得有點意思。偶像男團 Energy 出身、頂著與生俱來的好皮囊，更不公平的是歲月貌似沒有在他臉上駐足，無論是其他來賓、工作人員，還是觀眾眼中，坤達的定位終究是「帥哥」、「偶像」。事實上，這樣的人物存在是加分的，為綜藝節目帶來十足話題性，大家不免懷抱著期待，希望在節目中看見這位國民偶像的形象一點一滴地被摧毀（？）

至於首次錄製效果如何見仁見智，唯一肯定的是，難忘的情緒不小心在坤達心中

發酵了。「我一直都很清楚記得，錄完幾天後，我回到家發現內心好像有股失落感，其實我不知道到底是什麼奇怪的感覺，只知道很想繼續玩下去。」

「怎麼錄一個綜藝節目會錄到依依不捨？」

CHAPTER 1
玩很大的誕生

坤達拋出問句，睜大雙眼看向遠方吐出真心話，那股從未感受過的錯愕感簡直歷歷在目，至今仍百思不得其解。「所以後來《玩很大》再找我去當來賓時，我基本上都會很興奮地馬上答應。」

坤達接著謙虛自剖，可能拜觀眾喜歡他的表現所賜，日後有幸以固定班底身分在兩季節目登場。然而，熟悉坤達說話風格的人都明白，雖然每回開口用字精簡，哏的拋接反應也不見得是最快速的，但他卻屢次在一來一往的對話中，射出恰到好處的冷箭，擅長一本正經地釋放獨到幽默感，無形間和ＫＩＤ形成強烈反差。

有趣的是，小董爆料達哥第一次來節目時，不少人認為話不多的他有點距離感，也許加上偶像出身的光環，讓有些工作人員不太敢主動靠近搭

話，但他善於適應和觀察周遭人的反應，這樣的特質反倒深受紅隊注意。

二〇二二年，適逢《玩很大》迎來八週年，全員進行一場八百八十八公里環島之旅慶祝，製作單位藉此機會，在生日記者會上一同宣布達哥接棒成為新任小隊長的重磅消息。縱使晚加入，晉升小隊長的契機不像KID那般戲劇化或始料未及，在《玩很大》積累的情分和憲哥、KID、紅隊夥伴們絕對不相上下。

更早之前，坤達參與製作單位於二〇一八年發起的「粉絲票選小隊長」活動，最終以十一萬八千九百五十四票排名第二，很殘念地並未選上。本以為坤達對此的心態是隨緣，事隔多年，他透露自己還是患有得失心的。「《玩很大》就是會讓人產生得失心（笑），我那時可能太在意了。不過那種感覺維持大概一天而已吧，畢竟是兩個好兄弟一起選，他當選我也覺得很開心。後來我們也有聊到，其實不管今天誰當小隊長，都會很祝福對方，一定會互相挺下去。」

坤達口中的「他」，便是一輩子的摯友鬼哥（黃鴻升）。

MR.PLAYER
MR.PLAYER

當年記者會上消息一曝光，媒體以「黑隊小隊長接班人」稱呼坤達，三個臭皮匠嬉笑打鬧的場面已不復存在，難以言喻的遺憾在空氣中悄悄地流竄。命運兜兜轉轉，由達哥勝任是多麼地別具意義，「就心理層面來說，做這決定有一個因素是想替兄弟完成這項使命，但我不會說出口。」回憶湧上心頭，坤達語帶保留。就算不多說些什麼，大家心中自有底，那份情誼不可能就此消失，一如《玩很大》的官方 YouTube 頻道，至今仍保存他的一席位置──「**永遠的小隊長 小鬼黃鴻升**」。

紅
薯

六週年特別企劃 — 玩上合歡山

CHAPTER 2

從幕前玩到幕後

「如果要做，就要做自己也覺得好笑和好看的節目。」十個年頭過去，《玩很大》團隊從上到下的心態都未曾改變過，既然定調是綜藝節目，那麼在療癒觀眾之前，如果親身參與的每一位夥伴也能從中為日復一日的生活帶來歡笑就太好了。

確實，偶爾節目片段中，不乏看見幾位紅隊工作人員跟著笑出鏡頭外，抑或兩年前在好看娛樂的 YouTube 頻道中更新的「幕後那些事」，錄外景特別累是事實，許多工作夥伴看起來特別狼狽，影片中卻又總是充斥著笑聲，以及臉上掛著無可奈何的笑容，情緒複雜的程度宛如人格分裂等級，以至於有玩粉曾開玩笑地留言表示：「怎麼感覺幕後花絮比正片好笑啊！」

「他們應該是最會假笑的團隊吧？」元老製作人小葉姐的吐槽評語來得措手不及，但此話可不代表紅隊的付出全是逢場作戲。從幕前藝人到幕後工作人員，所有人都拿命在拚搏，因為彼此深信，唯有率先享受且投入當下的每一件事，才可能把歡樂氛圍渲染出去。

你各位以為的紅隊

歡迎光臨一條龍旅行社

播出幕後系列以前，傳說中的「玩很大紅隊」是不少玩粉夢寐以求的職務之一，不但有經常和藝人朝夕相處的機會，工作氛圍看起來十分愉快，像是成天在玩樂一樣。加上細數《玩很大》這十年來留下軌跡的城市不勝枚舉，趁錄影之餘跟著節目一起環遊世界，天底下哪裡有這麼夢幻的「爽缺」？

SHOP

玩
MR.PLAYER
玩
MR.PLAYER

綜藝玩很大

不好意思，還真的是沒有你看到的那麼爽。

十年前，剛起步的《玩很大》團隊規模與現在可說有著天壤之別。或許你很難想像，以前出國執行拍攝的外景行程，工作人員居然僅有六個人，而且當中包含了製作人與後製（不含攝影師）。這樣的編制竟然長達四、五年之久，直到節目開始走紅，玩粉逐年增加，玩很大宇宙擴大，一人扛所有事的時代算是畫下句點，目前整個團隊大約十人左右。

藝人李霈瑜（大霈）曾拍攝挑戰加入紅隊的節目內容，帶領玩粉一窺部分紅隊的職責，還有跟拍一整天的工作行程。不同於那時面試環節提到，新人無疑必須從「紅隊助理」開始做起，《玩很大》前期在人手不多的情況下，想當然耳大夥兒的分工不太明確，隨行人員扣除製作人和小董，還需要顧機器的後製，等於六個人中，從前期作業再到實際錄影那幾天，僅有兩個人力承包所有工作項目。於是，《玩很大》一條龍旅行社正式開張！

「當時照顧所有人是我們兩個人的事，還要弄道具、打點食衣住行，說真的，只

PLAY
MISTER.PLAYER

能彼此相依為命、互相幫忙，想盡辦法完成製作人的任何需求，或是這次錄影應該要完成的事情。」元老級紅隊A成員說，當初「傻傻的」跟隨小葉姐從選秀節目到外景節目開闢新天地，聽起來新鮮好玩，著實低估了背後要付出的心血。嚴格來說，他們沒有拒絕的理由，畢竟做為「被指派」的下屬，哪有說不的餘地呢？前紅隊夥伴笑容是苦澀的，但分享起往事卻很興奮，我們無法計算他們心裡的陰影面積。

等一下，看到這裡的讀者或許有點好奇，「A成員」是哪位？怎麼不報上大名？直說大實話的話，是深怕之後被玩粉炎上到網路……這當然是開玩笑。不具名改用代稱的真正原因是，紅隊所有人是一體的，不分你我，說起來好像很矯情，且讓我們繼續看下去，相信你最終會明白的。

一條龍旅行社背負的責（壓）任（力）是玩粉的期待，跟著黃隊、黑隊到各國城市走馬看花無疑是一大看點，抱持不成功便成仁的決心，紅隊沒有理由搞砸，儘管剛入新手村，也要一肩扛起所有工作。每個人都是重要的小螺絲釘，缺一不可。然而，對新手來說，第一關需要面臨的大魔王等級挑戰是「前期製作（前製）」。

「前製的角色比較像導遊和領隊，也可以解讀成類似救國團帶遊戲。」暫且不論Z世代後出生的年輕一輩知不知道小葉姐脫口而出的「救國團」是什麼（肯定需要有請 Google 大神），總之，前製要涉略的範疇包羅萬象。撇除掉因新冠肺炎爆發而待在國內的那段日子，深受玩粉喜愛的海外行程，需要處理人數眾多的機票、行李、聯繫當地導遊等，更別提最基本的關卡創意發想、找景點、場地申請、勘景、試玩遊戲，以及相當需要花費心思的整趟行程安排、一來一往地發給藝人通告，每一天都在和時間賽跑。最令人詫異的是，前製準備往往不到一個禮拜，時間非常緊繃，當然這一週之內，紅隊可能還要度過好幾個會議，對焦各自的想法。

糖衣包裹著不為人知的辛苦面，上述內容就是紅隊最稀鬆平常的「To-Do List」，好看娛樂辦公室一隅常見的景色不外乎是大夥兒忙進忙出，堅守各自崗位。「一個禮拜忙上忙下是我們的日常，但最緊繃的時候還是遇到要錄存檔，等於一個禮拜必須光速進行兩個禮拜之間發生的事，這樣就很痛苦，時間根本不夠用啊！或是有時主持人突然改檔期，所有人事物都要乾坤大挪移，即便如此，工作人員的步調也不能亂套。」從菜鳥變老鳥的B成員這麼說。

各環節皆可以成為影響節目成敗的重要關鍵，尤其當團隊位於國外，一旦發生各式各樣的緊急突發狀況，紅隊當然無法像在臺灣一樣能快速尋求支援，還不如做好萬全準備，靠自己好自在也安心。

練就獨自包辦所有工作的能力，全員皆是貨真價實的時間管理大師，頻繁在公司夜以繼日地加班，幾乎沒有生活可言。為了讓每集節目的關卡盡量不重複，紅隊必須不斷腦力激盪，抽出零星空檔，想盡辦法尋求靈感，構思遊戲怎樣設計才會超好玩，不能讓腦袋瓜呈現匱乏狀態，因為靈感離家出走乃是家常便飯。

「我會多看國外的綜藝節目，或是多和朋友聊天吧。」小董突破靈感卡關自有一套解法，「還有多上網搜尋玩具類的東西，發現有趣的道具就會拿來試試看。」話說到此，幾個紅隊的人馬上七嘴八舌聊起前陣子夜市流行的新奇鴨子道具，通常愈「ㄎㄧㄤ」，效果愈好，「也有發生過本來預期的錄影效果會很普通，結果藝人玩起來卻出乎意料地好，下一次如果有適合的地方就會將它微調，再給它一次機會。」C成員是紅隊公認最感性的人，發現好玩的道具，她也會特別興奮。

靈感當然不會從天而降，對小葉姐而言，她深信從生活中尋找刺激是不二法門，「我們常叫他們和朋友出去玩、看電影、看書，去任何地方都好，那些都是靈感來源，雖然要抽出時間去做真的很難啦……就算大家想要兼顧生活，可是團隊壓力搞不好會讓你覺得手上的工作會變成同事要多做的事，想到最後就算了，留下來一起做比較快。」與棚內錄影不同的是，一趟國外的外景拍攝至少五天起跳，然而一週準備（前製場勘等）、一週外景、一週結束回來後製剪接，這樣的運作模式每個月無限循環。

能夠待在《玩很大》團隊的人，責任心絕對強到超越外界想像。

小葉姐和小董一致認為，做外景節目忙歸忙，但忌諱活在自己的世界裡。倒不是要一味地取悅觀眾，而是製作團隊應該是走在最前線且深入大眾的人，必須掌握時下最具流行的人事物，一直觀察，才有辦法消化、衍生成適合節目的內容，並製造出各式各樣在地化的哏，倘若能夠在觀眾之間帶起話題，勢必是雙贏結果。因此，相關工作人員擴充自己的感官視野，無疑是非常重要的一環。

紅隊的青春養成記

對電視圈這份工作的想像無限大，進而吸引許多剛畢業的社會新鮮人（新鮮的肝們）懷著滿腔熱血加入，夢想成為其中一分子。《玩很大》的紅隊也不例外，起初除了小董和後製之外，隊內夥伴一字排開大多是熱騰騰的應屆畢業生，平均年齡落在二十二歲至二十四歲。

然而江湖上盛傳「想不開才來做節目」的這番話絕不是開玩笑，萬一好巧不巧，剛好分發到以嚴厲出名的小葉姐團隊做事，挺過來的業內人都明白，小菜鳥往後的日子八九不離十會格外地不好過。

「打從我有記憶以來，人生第一次出國就是參與《玩很大》的工作，而且我們沒做過外景，只做過選秀節目，當時可以說什麼都不會，每天一邊做事、一邊被罵。」雖然D成員已從紅隊畢業多年，但想起那些幾乎得睡在公司的日子，心中恐怕不免有些懷念（笑）。

紅隊小菜鳥人生中很多第一次都是和這群夥伴在節目裡發生，舉凡第一次出國、第一次看富士山、第一次玩獨木舟……《玩很大》像極了濃縮版的人生體驗營般豐富有趣，不管是什麼，他們都想參與其中，不甘心錯過每一刻。「《玩很大》太多元了，變成他們一直刷新自己的世界觀，就算是第一次吃到日本當地霜淇淋這麼小的事也覺得很新鮮；即便只在臺灣，第一次在酷暑下晒十小時太陽，又揹著三十公斤重物，這些回憶都很深刻。」小葉姐細數那些典藏畫面。

有無條件信賴的夥伴伴隨左右，因為心中有愛，幸福沸點才會輕易地被點燃，樸實無華的工作日常都可以樂在其中。

事隔多年，元老級紅隊成員回憶當年的聲音、表情饒富趣味，語氣時而激動，時而平穩，但肯定是樂在其中才會出現的反應。就算現在已經不是隸屬小葉姐的部門，也離開《玩很大》製作團隊，爬梳彼此的青春往事，他們仍回味無窮，漏掉沒說的細節，也令旁人忍不住想問：「你是忘記了，還是害怕想起來？」

「我之前在《國光幫幫忙》，做了一年覺得滿適應的，某天製作人突然打電話給我，說下禮拜要調去《玩很大》。聽到這消息後我非常害怕，因為那時我們的團隊在《玩很大》隔壁，常看到小葉姐罵人，我真的好怕她，剛加入那陣子都很緊張。」E成員即便不是社會新鮮人，也有做節目的相關底子，但凡對中途加入的夥伴來說，進入「喊水會結凍」的小葉姐團隊做事，恐怕得先做好萬全的「被虐準備」。

「那時對他們來講，做節目很難有什麼使命感，應該是『ㄘㄨㄚˋ』個半死，一心只想把分內事做好，不要被罵就夠了吧？」看向一旁點頭如搗蒜的紅隊，小葉姐已經不爭氣地笑出來。

迎接紅隊的不只是難以負荷的工作量、震撼教育和面對種種生疏的流程，還要照三餐挨罵，就算想做到滿分，也總有超出想像的突發狀況，更多層面是開始懷疑到底能做好哪些事情。「我覺得會嚇到他們的部分，大多來自對負責工作的陌生，進而產生恐懼。例如○○的第一趟外景，快到機場時，我們需要清點行李數量，實際上要託運三十件，結果她回報六十件，因為她把身上揹的小包包也算進去，就是連託運和隨身行李都分不清楚的程度。」小葉姐舉例。

搞不懂製作人的需求，每趟外景都上緊發條、繃緊神經，做為團隊中的小菜鳥，不曉得下一秒會有哪些難題迎面而來。出糗沒關係，不要出包就好，他們打趣地說，光是每個人的出包事蹟，也許足以寫成三本書。

「永遠記得桂河那一趟，我負責行程，其實從勘景到出外景當天都不太順利，還把製作人丟包了……」E成員的出包體驗歷歷在目，嚇到現在回溯起來還會語無倫次，而她口中的製作人，就是小葉姐無誤。

「以前錄影的狀態是一個禮拜內勘景和錄影同時進行，錄製時，會分配給沒有去這趟錄影的人準備下一趟的資料，他們要處理好所有行程事宜，包含護照、簽證、換錢、交通、食宿等。」小葉姐補充，通常負責勘景的人是整個團隊對那一趟行程最了解的人，包括掌握所有地形、聯絡當地導遊，等於整團的命運全權交付在他手上。

「錄完一趟外景後，腦袋沒辦法馬上運轉回來，心思會停留在上一個行程，全組腦袋空白地進入下一個階段。」這時行程擔當顯得尤其重要，「那次〇〇說早上六點會來接我，等了十分鐘卻遲遲沒看到人影，打電話過去，她說還在家裡睡覺，我想那樣會來不及，立刻自己殺去機場，但我人到了，身上沒有護照，因為在〇〇身上！當下只好一直求地勤讓我報到（check in），直到已經要關櫃了，地勤站起來整理東西準備離開，〇〇才用跑的衝到櫃檯。」

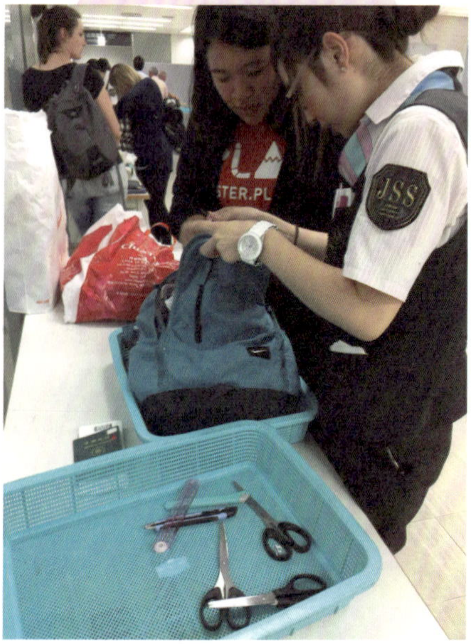

經典的黑歷史被迫攤在陽光底下公諸於世，罪惡感重新湧現，眼前這位已進化成老鳥的E成員不好意思到抬不起頭。

接下來的故事發展堪比八點檔，因為懇求地勤之餘，為了搭上表定的那班飛機，試圖挽救原先安排好的規劃，老江湖小葉姐的應變之道是直接在地勤人員面前飆罵那位同事。「有時製作人在外面大聲罵下屬，一部分是罵給別人看，那次我就是故意的，希望地勤心軟。在外面罵人的情況下，我們還有一個默契，就是他們必須當場哭出來。」把小祕密說出來，小葉姐下巴微微抬高，面露得意的樣子。

悲情牌奏效，小葉姐按照計畫搭上原班機，睡過頭的行程負責人則獨自被留在機場。「我叫她這趟乾脆不要來了，但她還是自己訂了下一班飛機機票。」小葉姐雙手一攤，直言面臨這種無地自容的處境，還敢來也是勇氣可嘉，只見身旁的紅隊妹妹們集體吶喊：「當然要去，誰敢不去啊！」就算被罵到臭頭、在所有人面前顏面掃地，責任心終究大過一切。

一山還有一山高，故事尚未結束，堪比水逆等級的難關還在後頭。

完美與不完美，都是在這群人堅持的背影下完成

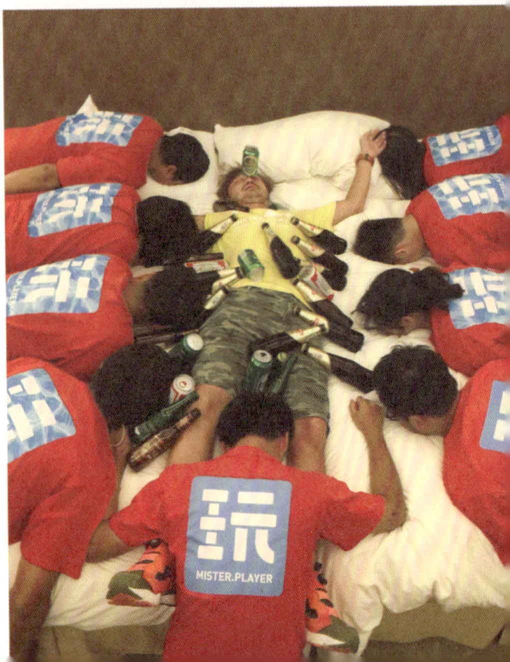

MR.PLAYER

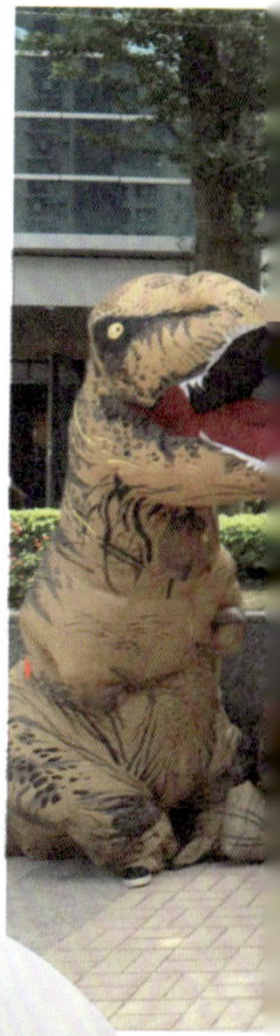

HELISTAR

「睡過頭趕不上飛機只是開始，那次外景的每一個關卡，雖然勘景過，但實際到現場就會有一個環節出差錯或沒溝通好，我整趟陷入崩潰。」E成員語氣開始激動，本打算一一細數當時的崩潰現場，想起那些過往卻又傻眼到語塞，小葉姐看著她好氣又好笑，對她的委屈發言也產生無數共鳴。

爆料紅隊夥伴的出包事蹟，小葉姐的記憶力比誰都清晰：「有一關場地是小游泳池，事前需要溝通深度，導遊和她說泳池很深，跳下去會滅頂，所以當時才為此構想了不需要跳下去也能玩的遊戲。錄完原本的部分，因為藝人很愛現場臨時加碼，說輸的要跳水，後來林柏昇輸了，團隊很擔心，一直叫他注意安全。之後他一跳下去全場錯愕……他不僅腳踩得到底，還可以站起來……我們回頭看她一眼，最後她就被踹下去了。」

C成員接著幫腔：「還有一關是要拍幫小象洗澡，類似體驗志工的工作，透過這個過程呼籲觀眾重視生態保育，想說這樣很有教育意義，結果正式開錄時，主持人都快到了，養象的人牽了和我們預期完全不一樣的大象出來……」

小董：「我覺得最難的是和國外導遊溝通，這是最可怕的。」怎麼說呢？「遇到好的導遊會帶你上天堂（笑），假如遇到頻率比較不對的，這一整趟真的會很慘……」語言不通換來雞同鴨講的場面，加上文化習慣不同，造成溝通認知上的落差，小董說徒增的痛苦和煩惱都是加倍的，「例如我們講求速度，可是像東南亞國家，做事方式本來就比較悠哉，喜歡慢慢來，當我急著要答案時，他還會叫我不要那麼急，先喝杯咖啡；到日本錄影要很守時，沒辦法 delay，每次導遊都會在旁邊一直催促時間要到了、來不及了，就是冰火五重天。」

「用犀利一點的形容詞，我們就像在打遊戲破關，要在一定秒數內完成任務。」小葉姐說。

不過每一次迸出職涯險些毀滅的或大或小考驗，宛如都是老天爺給紅隊成員最至關重要的試煉，只要孤注一擲爬過那些荊棘後，似乎往後就沒有什麼好害怕的了。

慶幸的是，多年前團隊編制較小，遇到挫折也無法推託，責任統統得自己攬下來，造就每個人得以用最快的速度把一條龍旅行社經營起來，不小心犯錯，也要在最短的時間內反省、修正，再進入狀況。說到底，不夠聰明、不夠積極、臨場反應不夠快或不懂得變通，難以長時間待在紅隊，只待半天就嚇跑的大有人在。好比養成遊戲，新手村的各位無非是一路過關斬將，經歷又跌又撞的菜鳥之路後，換來現在的游刃有餘。

「我在《玩很大》工作從二字頭到三字頭，現在快四字頭了欸！好恐怖喔！」一眨眼，當年出個任務縮手縮腳、頻繁被責罵事情做不好的小菜鳥B成員，如今已變成可靠的資深前輩，帶領新一輩的紅隊助理昂首闊步，自始至終以紅隊一分子為榮。

將自己的青春歲月奉獻給《玩很大》，他們甘之如飴。

MR.PLAYER

五月天
人生無限公司
MAYDAY
玩
MR.PLAYER
玩
MR.PLAYER

在這裡，你只能放下身段

「《玩很大》絕不只是一檔普通的外景綜藝節目。」雖然從自己口中說出這句話，像極了老王賣瓜，自賣自誇，但那股自信不是無中生有。紅隊、黃隊和黑隊拍胸脯保證親身參與、不假他人之手且交付出百分之百的真心；又或是說，想要成為這個大家庭的一分子，不管今天是幕前藝人還是幕後工作人員，要是沒有抱持豁出去的決心，實在很難融入其中，並且享受不到節目的最大宗旨：好玩至上。

憲哥本來就不是會輕易服輸的人（別忘了「賴皮獸」的稱號），卸下隊長身分、變成紅隊關主之前，面對再艱難的遊戲任務，他從來不因怕累或避免搞得全身狼狽而選擇不玩，更不會拿輩分當作擋箭牌，該親自上陣的時刻，絕對二話不說立即出馬，有新奇好玩的關卡，甚至還會表現出躍躍欲試的樣子。

對待遊戲，他是真心的。

憲哥說：「擔任黃隊隊長時，我沒有放棄過任何一次比賽，沒有逃避過每一次對戰，應該接受懲罰的也沒辦法躲過，一律老實地執行完畢，硬著頭皮也要上！」

放下身段不代表妥協，因為在憲哥的認知裡，成就節目不僅是製作單位的責任，何況紅隊上上下下不顧一切投入其中，自己有什麼理由走捷徑呢？他的以身作則不但直接感染隊內的氛圍，連帶也潛移默化地改變ＫＩＤ的思維，看著憲哥勇往直前的身影，他嚮往有朝一日能夠成為像憲哥那般令人景仰的存在。

從前是 CIRCUS 裡恣意妄為、沒有擔當的中二小屁孩，隨著時間流逝，ＫＩＤ錄製節目的心態自然逐漸轉變。跟著《玩很大》團隊闖天下的前幾年，他經歷過無數次掙扎和適應期，特別是從「來賓」、「固定班底」轉作「小隊長」的過渡期。「從固定班底做到小隊長那天後，其實壓力變得更大，心中會覺得有份責任擔在我身上，例如原本不用去管收視率的問題。我很認真地想每一次錄製節目，

Currency Exchange
菜刀

Resorts World
AWANA
PLAY

MR.PLAYER

到底要用什麼狀態讓大家保有新鮮感。有一陣子，每個禮拜都被小湯哥、小葉姐、小董抓來公司開會……講好聽點是開會啦！講不好聽的話，就是找我來教育一下。」

「過程中遇到太多不一樣的人，還有不同國家和遊戲，有些內容可以駕輕就熟，有些其實我的能力沒有那麼強，但觀眾會說：『你不能輸，你是KID耶！實力應該很強啊！』」被憲哥稱作瘋面仔之前，有CIRCUS的經歷加乘，外界已將他和瘋狂遊戲王畫上等號，他不排斥，還曾經很沾沾自喜，直到某天意識到這狀態不對勁：「我每件事情都想贏，想當團隊最強的，我覺得這是對『遊戲王』的尊重。當遊戲規則稍微不太一樣時，我會舉手表達：『對不起老師，這規則有問題。』但他們當下都沒空理我，我心中就一直有火在燃燒。」

即使螢幕上給人個性豪爽且隨心所欲的印象，可是他心中自我懷疑的聲音愈來愈明顯，明白自身個性經常煞不住車，為了拚輸贏總是不小心把自己搞得面目全非，不知曾幾何時開始走火入魔。這也是為什麼過往總會在各大遊戲類節目上看見KID

發瘋似地一股腦兒往前衝，效果滿到溢出來，還被憲哥戲稱「瘋面仔」。自信心是把雙面刃，他一方面覺得不應該有不擅長的遊戲，相信自己可以做好一切；可是另一方面他固執，認為不能辜負那些頭銜，以及自己賦予的使命感。

而他的煩惱與矛盾，當時職位還是企劃的小董完全理解，畢竟在KID心煩意亂的各種喪氣時刻，小董還身兼心靈導師的角色。「前面幾年KID常會在錄完影後打給我，和我說他有多委屈、多可憐（笑）。但因為我是站在製作單位的立場，有時就是負責傾聽而已，也不知道要怎麼樣去向他解釋這一切，像是我們不是故意針對他之類的。」

準確來說，他擺脫內耗、心態出現一點改變的契機，是後期接觸到其他幾位綜藝圈的前輩老大哥來上節目，KID仔細留意他們在節目上的一舉一動，恰如其分的效果，還有足以讓後輩放鬆自在的處事態度，再再促使KID反思，究竟哪個環節出了問題？是不是有些地方做錯了？

感謝所有前輩來玩

PLAY

玩

玩

大堂
玩
MR.PLAYER
狀元

PLAY
MISTER.PLAYER

玩
MR.PLAYER

「張立東對我來說滿重要的，他來上《玩很大》真的單純在玩遊戲，不太管輸贏這件事情。這時我的心境開始轉換到下一個階段，我問自己為什麼要那麼執著，好像可以試著讓自己放鬆一點，這樣別人才會跟著放鬆。」

那些差異非常細微，綜觀來看，於KID的角色而言，他必須學習的課題是放下「遊戲王」的包袱，以及嘗試在「隊長」和「小隊長」兩者間找到適切的平衡。「憲哥變成關主後，一開始兩隊分別由兩位資深前輩各自帶領，我會當某一隊的小隊長。必須說，那真的是我最快樂的時期，他們兩人負責扛勝負，我比較可以從旁協助，非常輕鬆，能夠很自在地去發揮『瘋面仔』的特質。」

就KID自身的感受，「隊長」和「小隊長」這兩個身分一個是武官，一個是文官，需要身兼隊長時，導致他會產生綁手綁腳的想法，好像做什麼都不對。「這幾年我沒有變神經病，真的要感謝爸媽生給我一顆這麼強壯的心臟。中間心境轉換過程很痛苦，一直講不出委屈的來由，製作單位沒有在遊戲裡頭，他們不知道我的情緒為什麼爆炸；加上我如果是隊長，必須照顧藝人來賓的情緒，當然會講些好聽話，但當我是小隊長，說話方式會變成：『大家一起衝！笨蛋喔！快點啦！』語氣不是凶，用意是想激勵大家，一起往上游的概念。身兼重任有太多面向要考慮，所以很多人覺得我好像神經病，情緒態度變來變去。」

對於自己在節目的定位，KID陷入好長一段迷茫的時間，好不容易迎來撥雲見日的日子，原來是鬼哥加入了。「老實講，我是到鬼哥來的那段時間，心態才比較調適過來。他是帥哥嘛，對遊戲又很認真，可是憑良心講，好笑的是他玩什麼都很弱。在節目裡，我們形成一強一弱、一醜一帥的反差。當要比人氣、比帥時，我一定輸他；如果是玩遊戲，就換我淩虐他了（笑）。」KID說，兩個角色出現明顯的反差對比，這才是回歸到他心中理想的綜藝節目本身好笑的一大亮點，同時兼顧他人無可取代的趣味性。

MR.PLAYER
5
玩
柯有倫

5
玩
MR.PLAYER

平地下道通往後站

危険
制限
4.

玩
PLAY PLAY PLAY
隊長

MISTER

OH!SHIT

那麼坤達呢？

「我沒有說我和達哥關係不好喔，他很強，但我也是好強的人，就會變成強碰強的感覺。

觀眾熱衷看藝人比拚遊戲，已經開始針對遊戲規則有沒有很完整、縝密性高不高，或是這個遊戲誰在作弊，過程公不公平，連帶我們的心態也會受到影響。大家也許沒有意識到本質是綜藝節目，主要是要好笑、希望逗大家開心。」ＫＩＤ冷靜分析普遍觀眾的觀看喜好，無關對錯，只是現階段的他，更傾向在乎節目呈現出來的內容有趣與否。

相較於憲哥、ＫＩＤ多年來累積的主持硬底子實力和培養出的默契，本來是偶像兼演員的坤達，論主持和綜藝這塊專業領域，宛如誤闖叢林的小白兔。

MR.PLAYER

PLAY
PLAY
PLAY

MR.PLAYER
PLAY

小王

宝
5
PLAY
PLAY
PLAY
夫
瘋
5

「我之前參與了兩季，那時當固定班底還沒有那麼強烈的感受，也是在憲哥旁邊靜靜地看著，是真正成為小隊長後，氛圍明顯變得有三個人是一個 team 的感覺，對我來說是處於有點戰戰兢兢的狀態。我覺得有好多事情要再學習，特別是看到KID，畢竟他在節目待了八、九年，加上他和憲哥的默契無話可說，經驗值真的高過我太多了。」

起初置身於團隊，坤達多數時刻像穿上隱形盔甲，尋找定位前，他選擇先察言觀色，吸取兩位前輩的養分，自行融會貫通後，再找機會套用到日後的錄影。「我覺得不是

誰來加入都可以馬上融入他們，我要跟上他們的說話節奏，一方面很怕自己沒做好，另一方面也很擔心漏掉某一拍，精神滿緊繃。拍攝當下，每個人看起來都很輕鬆，覺得是很讓人放鬆的節目，可是我的立場必須要聽清楚憲哥說的每一句話，記住他說過的每一個哏，對KID也是。」原本有私交的坤達和KID，雖然彼此已有默契，但為了節目效果，要更常保持聯絡，就算只是出去三天兩夜，晚上幾乎都會聚在一起談天說地。「然後節目一結束就不聯絡……沒有啦！」達哥的「皮」，就是如此猝不及防。

自認腦袋非常需要有冷靜思考的喘息空間，因此坤達雖然沒有和憲哥、KID經歷相處磨合期，但確實心中有過好長一段適應期，還會趁休息時間獨自到一旁角落喘口氣。正所謂術業有專攻，《玩很大》不光是考驗主持功力，還涉及到綜藝節目「快狠準」的節奏，以及有沒有本事為了遊戲「破格演出」，每次錄影都有練不完的功等著坤達，一切做中學，又不能把不知所措寫在臉上。

從固定班底到晉升小隊長，每一個環節都引導他跳脫以往的舒適圈。「帶隊是我到現在一直覺得沒有做得很好的部分。《玩很大》每一集會有不同的來賓加入，要自己設法趕快熟悉對方，我還在觀察KID怎麼處理這一塊，他可以很自然地和重複上過節目的來賓大聊特聊，有獨特的帶隊模式和方法。有些人我可能第一次見面，或是交情沒有這麼深，可是一起坐車、準備進入第一關時，對我來說是很重要的一個 moment。」

主動擔任破冰角色，類似小隊輔的工作性質，但回歸現實面，能否勝任這項任務取決於個性。在團體中，坤達向來不是擔任發號施令的角色，不搶著出風頭，對炒熱氣氛更沒把握。「還不知道和誰一隊時，我和KID有點像兩個主人，要在短時間內讓這些客人們能夠很放鬆地融入到團隊裡面；分隊後，要再好好地了解隊內成員。而我則習慣透過遊戲關卡進行時下手，快速去了解這個人的個性。因應每次來賓截然不同的個性，我都會嘗試不一樣的帶法，雖然還沒找到（笑），持續摸索當中。」

論坤達一路以來的蛻變，眾人肯定有目共睹，他搔搔頭，謙虛表示學海無涯。在這裡，無須扮演完美無缺的偶像（雖然在節目中，大夥兒偶爾還是會以調侃方式讓他出現那樣的人設），坤達徹底把自己的心態剷平、跳脫熟悉的舒適圈，就算是後輩口中的「達哥」，只要有值得學習的對象出現，他都樂於參考，對激發自我無限潛能這件事感到樂此不疲。

「小隊長這位置對我來說滿有趣的，我也在嘗試可以做到哪個程度。」假如按照原廠設定走下去，他不知道原來自己敢和素不相識的陌生人搭話，「我本來就不善於表達，但節目讓我成長很多，我的個性變得非常外向，在不認識任何路人的情況下，能夠主動去和對方說：『可不可以載我？』『我們可以進去嗎？』都要很大膽地開口，不然我不做，別隊就已經搶先一步了，所以很多時候是逼著自己一定要去做。」

CHAPTER 2
從幕前玩到幕後

認真做綜藝，拿命在拚搏

雖說好漢不提當年勇，但不難發現只要一逮到可以訴苦（？）的空檔，除了小董之外，不少紅隊成員會不自覺陷入滔滔不絕的狀態，彷彿迫不及待告訴全世界，他們至今為《玩很大》做過多少犧牲與奉獻，以及經歷多少次懷疑人生的難題。

這裡插播試問各位玩粉，以下選項哪些是紅隊最樸實無華的日常寫照？

1. 提案瘋狂被主管、同事打槍，自信心摧毀後再自行建立。
2. 為了採買遊戲道具四處奔波，從白天找到天黑。
3. 勘景拍照，粗心漏拍一個細節，回來就等著被罵爆。
4. 測試各項關卡，殊不知執行後和預想落差太大，當場絞盡腦汁想備案。
5. 正式錄影前的前製作業搞得全部門人仰馬翻，扒一口飯的空檔都沒有。

玩
MR.PLAYER

6. 錄影當天照料好藝人入座用餐後，擠在遊覽車上把握時間吃便當。
7. 回過神來，發現第一餐進食時間是下午兩、三點（甚至更晚）。
8. 控制不了說變就變的天氣，錄外景得看老天賞不賞臉，好痛苦！
9. 以上皆是。

無庸置疑，答案是以上皆是。

聊起工作日常，大夥兒哭笑不得，一人吐一句，一連串聽下來還以為自己誤闖「賣慘比賽」。「但我們完全沒有想要強調做這節目有多辛苦耶！」其他人掏心掏肺到一半，C成員突然急喊煞車，氣氛不至於凝結，只是好奇心驅使下，難免想舉手發問：「《玩很大》想傳達的真諦到底是什麼？」

小葉姐表示：「節目名稱就是我們的風格吧！無所畏懼地什麼都敢玩、敢做。例如分成很會玩的和很不會玩的藝人，試遊戲時，會選一個看起來最害怕的人和最大膽的人，在公司先試第一次，開錄前也要再試最後一次，反正不管怎樣，紅隊都要先試出一個極限。待在這個 team 的人，一定要天不怕、地不怕。」

秉持著要求藝人做之前，工作人員一定要率先親身嘗試過的原則，他們勢必會逐漸被訓練成膽子大的人。小葉姐說這麼多年以來有過不少菜鳥因此被嚇跑，「有工作人員不會游泳，但來上節目的藝人中絕對也有不會游的，那位工作人員還是得穿上救生衣下水，如果無法克服恐懼，以後真的沒辦法玩下去。」

以不危害到人身安全和不違法為前提，無論是大啖昆蟲還是克服恐懼跳水，做為紅隊的一員，在《玩很大》儼然沒有「不可能」或「做不到」幾個字，眼前只有終極二選一的選項：豁出去vs.離開團隊。

「我們以前也是小女孩啊！什麼都會怕（笑）。」自嘲在紅隊待太久，現在甚至不會被公司同事當作女生看待，因為在這裡不分性別，不管擅不擅長、懂多少，節目需要你的時候，二話不說挺身而出就對了。

說他們把命賣給《玩很大》、任由節目宰割好像也不為過，可是儘管每個崗位的夥伴在檯面上會抱怨、覺得工作有太多辛酸血淚交織，他們終究是人間清醒。光有熱情還不夠，比任何契機都重要的是對這節目和團隊有滿滿的愛，以致於根本不計自己付出多寡，說起來矯情，紅隊卻真的是用愛撫平了身心靈的勞累。當然，還有看見黃隊與黑隊為遊戲輸贏誓死捍衛尊嚴而化身成認真魔人，無條件投入大夥兒精心發想和設計的每道關卡，既欣慰又踏實。

環境使人改變是真理，團隊營造出來的氛圍亦是如此，明明知道是遊戲、是節目，大家還是卯足全力上場。坤達說《玩很大》真的很神奇，「有些事情往往是當你知道怎麼運作了，會變成只照著 rundown 錄下去，我不是說其他節目是 set 的，但《玩很大》從以前到現在都讓來賓懷抱著各種未知數錄下去。紅隊嘴巴要很緊，不能透露任何一絲消息，即使在旁邊製作道具都離我們很遠，偷偷摸摸的，我覺得這也是好玩的一點。」坤達突然苦笑，無奈表示上次和ＫＩＤ才從宜蘭騎車回臺北，「嗯，一言既出，駟馬難追，不管說出來什麼話，我們就是要負責做到。」

聽說整夜睡帳棚不是節目效果？「對！印象滿深刻的是有次錄影，輸家要睡帳棚，贏家可以住五星級民宿，昌明哥問我：『欸！坤達，你們不是畫面錄個大概之後就各自回房間睡覺嗎？』我告訴他：『沒這回事，不然我幹嘛那麼拚呢？』

那時他才慢慢意識到我們是真的要去睡。」

坤達進一步分析從幕後工作人員到主持人、來賓都這麼投入其中的原因，「我常想，《玩很大》的核心價值是每個人都很有運動家精神，認真玩遊戲、拚命闖關也不怕輸，一切都來真的，所以大家才會拚了命去贏比賽，誰都不想輸。」

坤達自爆很多資訊，說自己剛好從小到大都很擅長玩遊戲，「我喜歡動腦思考遊戲要怎麼玩，不過我和KID現在都會很快掌握到要領，接著馬上和隊友分享致勝關鍵，或是這關遊戲的bug、破綻在哪裡，怎麼樣容易拿分……」兩位小隊長腦筋動得很快，而紅隊也不是省油的燈，小董說，紅隊早就在心裡預設幾百個立場準備對付他們了。

集體鬥智、鬥勇，比體力、比腦力、比速度，光拍攝一個關卡也很不容易。

近十年來的錄製，相比坤達多數時候給玩粉的感覺是悠哉地面對遊戲，人稱「瘋面仔」的KID則是把關卡看得比自身性命還重要，每一回都背水一戰，若拿下勝利，好似人生大獲全勝一樣。或許在多數觀眾眼裡不就是工作、玩個遊戲，到底這麼認真、拚命幹嘛？但KID想得更深入、更透澈，打從第一集開始，名為「使命感」的種子便默默地種下，他沒辦法輕易地放過自己。

「如果我沒有使命感，會不在乎每一關遊戲和輸贏，搞不好可以選擇放爛，反正有工作人員帶我出去玩，都是領一樣的錢，多爽！」享受成為名副其實「節目開

心果」的同時，他還非常喜歡看見原本對遊戲不拿手的隊友逐漸上手，以及面對難度較高的關卡時，大家團結起來迎刃而解的興奮模樣；帶領黃隊一路過關斬將直到拔得頭籌或逆轉勝，每一個過程都無法重來一遍的珍貴片刻，即便KID沒有明說，卻已在話語間展現自己和《玩很大》之間雙向奔赴的愛。

KID開玩笑說有高高在上的憲哥在場，自然沒有人敢偷懶，隨後又改口，「我覺得主持群的氛圍會影響紅隊和其他藝人，像我和坤達都很認真地為對的事情努力，別人也會被打動、賣力地參與節目。裡面真的像個小型社會，每個反應、互動都很真實，大家有時會忘記自己是來錄影的。」

來賓不是過客而已

對部分觀眾來說，綜藝節目是配飯良伴，適合不想動腦的時刻觀看，還可以適當抒發日常生活中的壓力。做為娛樂消遣，假如想培養出一票鐵粉，並讓人拍案叫絕且回味無窮，只憑主持人扎實的綜藝哏和新穎又吸睛的企劃單元是不夠的。以《玩很大》為例，各式各樣的來賓絕對占有舉足輕重的地位；他們好比一道料理當中的調味料，不但足以影響節目內容走向，不一樣的組合搭檔也製造出意想不到的化學反應。

多數玩粉對來賓有所期待，除了關心他們在每一個遊戲關卡的表現外，還留意來賓是否有傾注全力地參與其中，查看《玩很大》YouTube 頻道，不難發現歷年來備受玩粉熱議的話題，毫無懸念的是和班底或來賓有關。留言內容五花八門，像是「被×××圈粉了，希望之後多發他」、「找來賓的標準是什麼」、「×××

不好笑，沒有玩很大精神」、「可以找×××回來嗎」……每集針對來賓的感想討論相當熱烈。

曾有網友指出，製作單位邀請的來賓了無新意，抑或質問幹嘛找沒有節目效果的人來。站在紅隊的立場，來賓當然不是過客而已，邀請藝人來上《玩很大》，光是初期討論「這個人選適不適合」到後來評估「藝人的排列組合」，都必須全盤思量。畢竟，如果彼此激盪出的火花不如觀眾所望，既沒有達到魚幫水、水幫魚的作用，又吃力不討好，稍微遺憾之餘，來賓成為箭靶也是習以為常的事情。

「我們當然知道網友的夢幻名單，也許也是紅隊的夢幻名單，但現實考量是費用和檔期與對方的意願。」小葉姐透露，要尋覓到個人特質適合出外景的人選不大容易，更何況還是益智競賽類型節目，錄製過程中的不可控因素太多，加上大多是需要來賓一起豁出去的遊戲，即便巴不得對方來，卻可能被毫不留情地拒絕。

實境節目興起前，早期的《玩很大》在邀請來賓這塊吃過不少苦，由於不能讓藝人事先知道錄影內容，在充滿未知數的情況下，出於保護自家藝人的立場，許多經紀人不放心而選擇不放行。「我遇過一位藝人，一開始發通告時，經紀人很直接地說：『我家藝人不會上實境遊戲類節目，不用再來問了。』結果一年後，他就自己來上了。」說完後，C成員看起來微微得意。

反觀近幾年實境節目興起，整個大環境相對來說已經愈來愈適應這樣的節目內容，甚至還成為收視保證，邁入第十年的《玩很大》感受到的差異更是明顯。「我覺得後期比較發得到不同領域的人。」和無數位來賓交手過的小葉姐有感而發，「其實藝人之間會口耳相傳，例如告訴其他藝人玩遊戲沒那麼可怕、比想像中有趣，滿多是一個拉一個朋友來《玩很大》的。」

「我們那個年代的娛樂圈，綜藝圈、唱片圈、戲劇圈、電影圈壁壘分明，拍戲的人不會上綜藝節目，不像以前『三臺時代』，大家都會來。《玩很大》試著打破那條隱形界線，對紅隊的人來說，只要發到一個非綜藝圈人的通告，就會覺得很有成就感。」小葉姐說，涵蓋多元類型的來賓，《玩很大》無疑打破綜藝咖才上綜藝外景節目的刻板框架，舉凡歌手、演員、主播、作家、啦啦隊、網紅，不設限領域和年齡層，打造豐富的出演陣容，勢必大幅提升節目可看性。

不同屬性和個性的來賓，加上跨圈的合作開創出許多名場面，顛覆想像的互動和投入，更為節目增添不少笑料，我們有機會在《玩很大》看見大家未曾展示過的一面，還會注意到過往不太認識的人，進而被圈粉。

不過手心、手背都是肉，問及紅隊至今有沒有效益超過預期的來賓？每個人陷入一陣思考後都無法明確舉例，隨後小葉姐忍不住打破沉默救援：「被這樣問，他們應該不會說出名字，因為說出任何一個名字，對其他人會很抱歉（笑）。對紅隊來講，每位來賓都是很特別的存在。」

論對來賓的上心程度，兩位小隊長當仁不讓，他們期許來賓能有賓至如歸的感受。不管面對熟識許久的演藝圈好友，還是因節目錄製而初次見面的夥伴，做為小隊長的ＫＩＤ和坤達，想獲得該集最終的勝利，首要目標就是需要凝聚團隊的向心力。撇除多次上節目的熟面孔，來賓的背景、個性大相徑庭，包括上《玩很大》的想法也相去甚遠，拍攝過程分秒必爭，他們得拿出壓箱寶絕活，成為黃隊及黑隊的最佳領頭羊。

「通常配置是一個男生、兩個女生，我要大概評估每個人的能力值，例如兩個女生當中，誰玩遊戲的能力比較好，該怎麼安排棒次、誰來衝第一個或是我來收尾，必須很快釐清這些事情後，再排兵布陣，等於一開始要先讓隊友服我。」坤達以自身經驗剖析，小隊長要同時顧及隊員的生理和心理狀態，遇到體力不佳或玩遊戲頻頻成為輸家的來賓，他會在賽後討論時給予關懷，並適時提振團隊士氣。

「我覺得重點是要讓每一個隊員都有機會表現，這對我來說一直是滿重要的。其實每個人來上節目都很開心，也希望在電視機前有所發揮，所以不能為了要贏，從頭到都派男生或擅長那遊戲的人上場，這樣其他人來幹嘛？」坤達坦言帶隊不容易，「眉角」多到包含觀眾的觀感也要考量進去，「現在已經好一點了，以前錄《玩很大》，我生怕今天做了一個無心動作就被罵死，有時也要擔心哪些隊員會不會被網友說些什麼。ＫＩＤ常說他是代替我被罵的那個人（笑），事實上是他有時怕隊員表現不如觀眾預期，會被罵『沒準備好就不要來』之類的，所以他先發制人，讓矛頭轉到自己身上。」

他們心思細膩，因應每位隊員性格會有各自不同的帶領方式，背後隱形的付出，遠大於螢光幕上呈現的一百二十分鐘。KID因此經常陷入反思，「錄的過程很長沒錯，但節目播出就兩小時，有些來賓可能因為個性或不習慣上節目，短時間內沒辦法像我們可以馬上有很突出的表現，加上有些人就是來宣傳嘛，我的功用之一就是讓他們能夠突顯自己，盡可能讓大家被看到。」笑稱自己是濫好人，每次只要是能力範圍內能幫忙的都在所不惜，所以不乏看見KID在社群上分享來賓的作品，他謙虛地說：「我能回饋的就是這些而已。」

KID不諱言，兩小時內要讓來賓的人設鮮明化非常困難，他想要求好心切，可是內心不免著急起來，在叮囑隊員往前衝或有所表現的時刻，語氣偶爾不小心像在催促人，乃至被認為是凶來賓。「我從來沒有討厭或排斥誰耶！」擔心再度被誤會，KID哭笑不得地澄清一番。坦白說，他解釋的出發點並非認為自己無辜，也非常清楚多說一句終究會被當成藉口或狡辯，但為避免波及其他黃隊成員和紅隊同樣遭受謾罵，就算只有一次也好，還是想傳達行為的本意絕非惡意。

「我也不想讓人家認為自己在節目久了就皮了，自以為了不起，或是有賺錢後講話就比較大聲，只是很想讓大家知道其實有很多狀況沒辦法一一解釋。」KID

想起初來乍到的自己，心裡頓時有些不平衡，「我有點感覺被雙標對待（笑），因為剛到《玩很大》時，不管我做什麼事，大家好像都會覺得好笑。」

雖然要擔任領導角色，但實質上小隊長與來賓之間是平行關係，透過一來一往的互動，相互切磋，從來賓身上學習自己缺乏的特質，獲得跳脫舒適圈的啟發。

「我和憲哥、KID不管在錄節目過程或私底下，都會一起聊天，就像大家庭一樣。印象中 Vicky 姐和小柔姐來的那集，兩個人像媽媽出來放風，雖然只有兩天一夜，但結束後她們給我的回饋是覺得好好玩，說下次要記得再發她們。我當下感到有點震撼，我相信她們一定錄過各式各樣的綜藝節目，卻發自內心主動提議想再和《玩很大》一起玩，好像我們真的做到以客為尊的待客之道，當了很好的主人，讓人會想再被找來玩。」觀眾看不見幕後投入的精力，可是坤達從這份成就感獲得的滿足遠比贏得比賽還要多更多。

「我覺得這方面的用心，其實觀眾還是看得出來的。會感受到來賓只是把節目當作通告在上，還是他是認真地在過這三天兩夜，好像我們就是一個 team，是生命共同體，一起出生入死的感覺，而且當下來賓給我們的感受也不會騙人。」

然而，經過鍥而不捨地追問坤達和KID，若真要舉例至今印象最深刻的來賓，在漫長的左思右想後，他們倆給出截然不同的答案。

「應該是和我共同錄製兩季的威廉吧！我們許多方面都滿相似的，偶像團體出身，接著在演藝圈單獨打拚闖蕩，某種層面來說還滿惺惺相惜的。他和我一樣是很愛運動的人，也是很好的搭檔和好用的隊員，雖然有時他會當機。」美言到一半，毫無防備放一支冷箭，坤達不小心笑出聲來。「對靜姐（郭靜）也印象深刻，原本大家對她的印象是唱歌很好聽、安安靜靜的氣質女歌手，結果在節目上玩遊戲卻有強烈的反差，不知道為什麼有很多碎話，還會發出很多奇怪的聲音。她是獅子座，可是心理素質其實沒有那麼強，氣勢容易縮回去，我知道她可以撐得住，只是要把她那一面引導出來。」

坤達儼然被《玩很大》訓練成洞察力滿分的大師，他說有些人在隊伍裡會提供意見，有些人則喜歡握有主導權，肯定也有什麼都沒差的人，一路觀察下來十分有趣。

KID恰好相反，雖然也會觀察每個人的優勢，但他更傾向以直觀角度看待，對於擁有他所嚮往的特質的人，尤其印象深刻。「第一個是曹西平大哥，前幾年他上節目帶來非常多歡笑，以他的年紀還願意和我們跋山涉水，到現在還是很謝謝他的付出和貢獻，他也常說因為我們的關係，讓他走出憂鬱的狀態；第二個是庹宗康康哥，他給我人生帶來很多啟發，一直以來都是我效仿的偶像，是我很敬佩的老大哥，之前看他主持《國光幫幫忙》，我就期望未來可以變成像康哥那樣，能夠以聊天的方式呈現輕鬆的主持氛圍；第三個是我認為在《玩很大》把『珍珍』這角色發揮得淋漓盡致的無尊，他創造出一個真正的全新角色，知名度比本人還高。」

珍珍的爆紅是在意料之外，無尊也憑藉此角開拓工作領域。「很多藝人平常不上綜藝節目，結果來《玩很大》之後，開啟他事業另一條路的選擇，當然還有常上節目的來賓也發生很多變化，會覺得好像看到自己小孩成長的感覺，而且我就是這樣走過來的啊！」KID的話語間滿是欣慰之情。

感謝所有來賓加入玩很大宇宙

PLAY
MR.PLAYER

PLAY
MISTER.PLAYER

PLAY
MISTER.PLAYER

PLAY

KYMCO

玩

玩

PLAY

PLAY

3

CHAPTER

玩很大宇宙的擴張

十年不是一個容易達成的數字，特別是多年前開始遭遇新媒體逆襲，以及觀眾的收視習慣逐年改變，無法計算加總起來流失多少觀眾。論現實面，擔心收視率是必然的，畢竟收視數字的影響力，足以決定節目的未來走向是續寫下一篇章還是直接收攤。不過或許玩粉來來去去，一同搭上下一班飛機展開新旅程的不見得是同一批人，但他們依然沒有忘記初心——散播歡樂，打造一個能夠療癒觀眾的放鬆時光。

身處千變萬化的市場，短暫的掙扎與迷惘是擴大節目規模的必經之路，《玩很大》彷彿吃了熊心豹子膽，當多數人選擇隨波逐流，紛紛跟隨主流內容時，他們在世界各地留下足跡之餘也不甘於現況，從紅隊到主持人，每個人都在思考如何讓節目邁向下一個階段。節目倖存至今，說它僥倖嗎？那倒不然。如果沒有足夠信心和無堅不摧的信念，他們沒辦法攜手擴張玩很大宇宙。

因為團結，所以禁得起考驗。

CHAPTER 3

玩很大宇宙的擴張

無論外界貼上哪張標籤、留下多少不大友善的評論，每集播出後總被放大檢討一番，可是比起沒有起伏的浪花，水花四濺來得更踏實。他們珍惜來自四面八方的聲音，懂得加油打氣提升彼此士氣，隨著規模壯大，紅隊及四位主持人的野心早就不言而喻。

我們的字典裡沒有失敗兩個字

萬事起頭難，在臺灣做一檔全新節目，沒有破釜沉舟的決心和毅力，很難長存。紅隊經常掛在嘴邊的假抱怨真 murmur，像是「錄影整天沒空吃飯」、「開會被老闆、主管電超慘」、「遊戲設計不如預期有趣」……這些都不是最可怕的大魔王。真正的苦與累往往是心靈上的消耗，好比一場看不見終點的馬拉松，沒有人告訴你盡頭在哪裡，也沒有所謂最完美的跑法，路途上可能碰壁、遭遇挫折，再再考驗著他們的自信心。

就算製作團隊認為萬事俱足，挾帶高漲的氣焰，懷抱著遠大理想，希望為電視圈帶來嶄新氣象，但也許不用一季的時間，種種現實的衝擊便會排山倒海襲來，一波又一波打擊幕後工作人員的心。

以《玩很大》這類綜藝外景實境遊戲節目為例，無論關卡發生在國內或國外，一趟花費已不容小覷，撇除基本的交通、住宿、伙食外，還要準備大量道具，在有限預算內來實現遊戲關卡。另外，燒錢是一回事，有時儘管砸重本投資、提升製作品質，能不能有效反映到收視率上，誰都不能保證，但那些一翻兩瞪眼的數字，卻可以直接決定節目能否生存到下一季，隱形的壓力扛在肩上。

慶幸的是，《玩很大》問世的時間點，正好是臺灣電視圈外景競賽類型節目的斷層期，因應當下的社會風氣而誕生，有湯哥和小葉姐打頭陣跳脫舒適圈，大夥兒迫不及待交出與眾不同的成績單。播出後不負眾望，掀起一波廣大迴響，可是觀眾向來不是仁慈的，雖然滿足當時部分看膩選秀主題的觀眾，仍少不了網友一針見血的批評：「未免太像《Running Man》了吧？」

「播出幾集後，想說臺灣好久沒有這類型的外景遊戲節目了，結果大家都罵我們是想學韓國《Running Man》卻學不起來的綜藝節目，我還有點擔心會不會哪天收起來了。」元老級紅隊A成員追憶，《玩很大》開播後正負評價超兩極，掀起一波熱議，受到矚目固然是好事，另一方面也感到可惜，觀眾在某些環節疑似看見其他節目的影子，抄襲標籤被輕易貼上，卻忽略了團隊付出的心血，以及發生在來賓身上不可預期的火花，同樣無法仿照。

觀眾反應非常直接且即時，假如內容不受市場青睞，現實層面來看就沒有存在的必要。回顧當時電視臺的收視率，觀眾罵歸罵，《玩很大》仍在該時段眾節目中脫穎而出，事實上，紅隊不是沒有聆聽觀眾的反饋，只是他們問心無愧，也深刻明白，與其反駁，沉得住氣方能幹大事，不對抄襲等流言蜚語多做解釋，埋頭專注在打好地基。既然想要做出口碑、引領潮流，團隊內部自然不能亂了腳步，穩紮穩打才是上策，一步一腳印，讓時間證明《玩很大》無可取代的價值。

多虧逐年增加的玩粉支持，不知不覺《玩很大》挺過了好幾年，為臺灣電視圈開啟新局面，外景節目一度成為主流趨勢，紅隊和主持人的汗水終於被看見……

但這是殘酷的現實人生，故事發展可沒有這麼順利。

耕耘好長一段時間，達到里程碑後，勢必會在下一階段迎來不一樣的課題。舉例來說，新冠肺炎爆發時期無法往國外跑，但節目不可能就此停止運作，製作團隊稍微改變方向，想盡辦法注入新色彩。於是開啟跟著玩很大一起玩臺灣企劃，在臺灣留下足跡，小隊長帶領來賓走遍各地打造裝置藝術，挑戰即興發揮創意的能力。無可避免的是，即使屬於相對新穎的內容，也引發玩粉發出反彈的聲音。

「改版後要來賓構思創作好沉悶，還是闖關玩遊戲比較有趣。」
「有創意卻不搞笑，這才不是《玩很大》，這些關卡好難引起共鳴。」
「看到只想快轉，還我以前的《玩很大》！」

不過仍有部分玩粉提及紅隊的用心，讚揚團隊終於不只是一味地玩樂、做效果，增添更多文化和知識的傳播，盡到教育責任；相反的，另一派玩粉則不買單，分別表示不喜歡這類型內容，直說無趣的留言不在少數。

若說那時的《玩很大》挑戰轉型失敗，恐怕言之過早。

「老實說，臺灣的景點大部分已經走完了，大家在嘗試新的東西，再加上實境秀爆紅，電視臺當然會著急和施加壓力，告訴我們應該要多製造聲量，或是來點新花招。那三季的確是我們和主持人之間共同面臨要不要多嘗試一些內容的挑戰，也讓來賓感到很混亂，現在是在錄《玩很大》嗎？還是什麼新單元？」小董打開天窗說亮話，那段嚴峻時期，確實每個人都處於不知所措的狀態，「但我覺得因為有試過，才知道自己真的不適合做什麼，而且團隊很辛苦去做那些裝置藝術，最後還是有留下一些美好的回憶和作品，代表那階段的《玩很大》。」

「應該不是說轉型，是一直嘗試新的內容，觀眾就是比較喜新厭舊嘛！我們也想證明很多東西《玩很大》做得到，不只是遊戲『玩很大』，所有挑戰都包含在這名稱裡頭，既然觀眾需求不太一樣，就盡量去做到令他們滿足。至於哪一個成功、哪一個行不通，總得先去做。我們有時也會很納悶，重要的是至少要有想改變的態度，《玩很大》一定可以一直做下去。」ＫＩＤ這麼說。

面對那段往事，ＫＩＤ直言當初雙手贊同裝置藝術企劃，認為每組人把東西從無到有做出來，相當有成就感，可是當如此純粹的任務衍生成競賽、採用觀眾投票選出哪隊作品較佳的方式進行，導致他感到強烈的無力感，覺得「四不像」的狀態已不是曾經風光的《玩很大》了。「觀眾投票會參雜不理性因素，變成每個藝人的粉絲護主，出發點和邏輯就不太正確了，難道辛苦過程就白費了嗎？就算我贏了，心情也不會好，因為這可能會讓輸掉的那方很難過，用心程度無法透過投票結果衡量，我們沒有比對方少流汗欸！」

那陣子，KID感到迷惘，同時考量到節目組頭已經洗一半，只好按捺住心中有苦卻無處宣洩的情緒。小董補充：「他和我反映後，我就去調整，所以投票制度只維持兩次，後面都是請大家一起完成，沒有分輸贏。」在《玩很大》，主持人和紅隊的溝通是雙向且平行的，假如彼此遇到內心過不去的檻，提出來一起討論才會讓這段情誼長久發展下去。

身在《玩很大》多年，KID對節目的風格定位比誰都清楚，節目輪廓愈來愈清晰，問起什麼是《玩很大》？他自信滿滿地回：「八週年時，我們騎著哈雷環島，途中停靠每一個重要據點，去看那一年完成的裝置藝術，油門一踩，我都覺得好熱血又好厲害，根本感覺不到累，這才是《玩很大》啊！」

玩

hi!

對每一位做節目的人來說，永遠的課題無非是在崗位上不斷地摸索更多可能性，從生活周遭獲取靈感也好，在網路上蒐集素材、觀察時下最流行的趨勢也罷，如果不與時俱進，就等著迎來被市場淘汰的那天。不見得丟出新企劃就等於轉型，有時是在一成不變中找尋新鮮感。試錯、觀眾不買單都不要緊，逮著下一個機會繼續嘗試便足矣，最害怕將就和屈服，那會和呆板、無聊畫上等號，是骨子裡的節目魂推動他們求新求變。

操刀過無數人氣節目的小葉姐經驗之談，她認為若要符合觀眾說變就變的胃口而去改變節目調性並非好事，一昧地想方設法不被市場淘汰，與初衷背道而馳的做法，反倒會讓節目和觀眾之間的關係愈來愈遠。

看著《玩很大》一路長到十歲，有關玩粉的反饋，小葉姐有話想說：「《玩很大》十年了，近期的確會看到很多網友覺得應該創新或改版，各種聲音都存在，其實不是現在才出現，從節目開始到現在一直都有。但我會把《玩很大》比喻成一對夫妻、情侶，可能頭幾年處在熱戀期，等到結婚、度過摸索階段後，已經變成很固定又熟悉的存在。要刺激或突然來個很大的改變，不見得是對的。就像身邊的家人一樣，總不會奢望對方某天變成另一個奇怪的模樣吧！」

紅隊裡頭扮演聆聽角色居多的小董，向來不會率先發表想法，不過針對玩粉的指教，他默默地觀察至今也感觸良多：「我不會想去改掉《玩很大》的本質，那不是我們該做的。只要觀眾覺得好笑，在每個週末看這節目是感到輕鬆好玩的，甚至能陪伴他們度過每個療傷期就足夠了，而不是設法讓大家看到它有多麼不一樣。更何況突然改變，不一定所有人都能接受。」

製作團隊的言不由衷，小葉姐十分清楚，雖然離開《玩很大》好長一段時間，但仍不免心疼曾一起打拚的夥伴，想幫他們說點話：「轉變新媒體的型態下，大家很努力地讓節目不被市場淘汰，也沒有放棄，光是這樣就花費好大力氣了，能夠維持健康活著，已經是很值得驕傲的事情。不用太苛責《玩很大》缺乏改變，抑或告訴紅隊該怎麼做，因為這十年來該做的改變真的都嘗試過。」

觀眾胃口與喜好愈來愈難以掌握，瓶頸有增無減，團隊則愈挫愈勇。小董說讓自己最感動的反饋是收到玩粉的私訊，訴說節目從第一年到現在第十年，《玩很大》陪伴他度過每次人生中最痛苦的時期。「這對我們來講都是很大的動力，做好我們該做的，繼續陪伴玩粉，這是現在最重要的事情。」

求新求變的本能與偏執，滾動式調整節目內容，並周全思考如何和粉絲建立信任感，倒不是說要趁機教育觀眾該怎麼做節目，而是透過行動讓觀眾打從心底相信，《玩很大》做任何決定，絕對是把玩粉放在優先位置，這般無條件的陪伴關係，任誰都無法輕易取代。只要觀眾願意，《玩很大》希望陪你度過每一個稀鬆

平常的片刻。

站在浪尖上，《玩很大》面臨到的課題不單是消化觀眾給予的反饋，還包含必須克服電視節目式微的窘境。做為在電視臺起家的綜藝節目，親身經歷新媒體崛起的時代，年輕世代的孩子們將注意力集中在 YouTube、TikTok 等新興媒體上，以及後期有ＯＴＴ平臺席捲全球，Netflix、Disney+等串流影音平臺如雨後春筍般竄出頭，大幅瓜分電視節目原有的收視率，傳統媒體首當其衝受到衝擊。

666

MR.PLAYER

LOVE

紅隊不是沒有危機意識，而是團隊打從心底相信，在銳不可當的新媒體與被外界認為吃力不討好的傳統媒體之間，兩者能夠相依共存不衝突，既同時兼顧網路流量，又鞏固原有的電視收視群眾。

新媒體比較沒有框架，可以很天馬行空、無厘頭地進行，這點和《玩很大》為遊戲搞到沒有極限的特質不謀而合。團隊將觸角從單一的電視頻道延伸至愛奇藝數位平臺和 YouTube，必須承認拜新媒體的崛起，節目反倒能夠迅速觸及不同年齡層的觀眾，甚至吸引不同收視習慣的用戶，以利不被新時代洪流沖刷而淘汰。

KID、坤達是電視節目和網路節目主持雙棲，他們慶幸有截然不同的兩個環境，能夠獲得更多鍛鍊的機會。「這些節目都在幫助我成長，因為我本來就不是科班出身的人，也沒有訓練過如何講話，只是敢衝、敢玩的瘋狂少年，現在可以在《玩很大》走出自己的風格，而不是曇花一現的存在，我覺得超級爽！」KID豪邁笑稱自己是天選之人，何德何能被幸運之神眷顧在兩邊穿梭，練就扎實的綜藝主持功力。

個性相對慢熱的坤達，正式接下黑隊小隊長前，已是另一檔網路電視節目的主持群之一，對於「製造哏」和「接球」的比例拿捏雖不到百分之百得心應手，但幸好一路上持續累積經驗值，加速適應《玩很大》的節奏。

DUFOUR
PLAY
PLAY

PLAY
PLAY

PLAY
PLAY
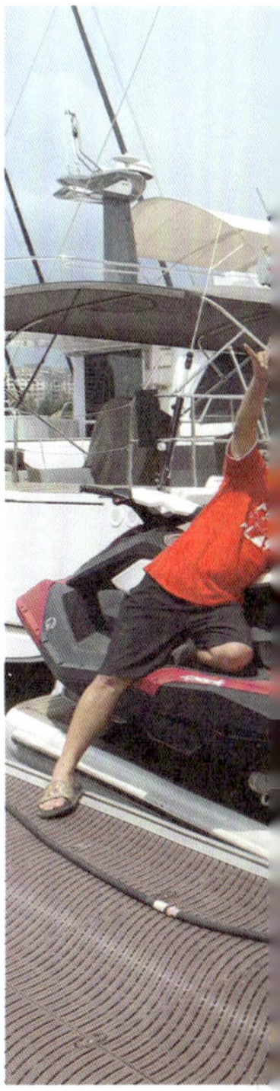

PLAY
PLAY

常人都有的得失心

不難發現加入《玩很大》團隊的夥伴，不管幕前幕後，幾乎人人都有一項共同特質——不服輸的精神。像是玩粉不陌生的場面之一，無非是兩位小隊長向紅隊討價還價的橋段，無關乎遊戲是否正在進行，控訴誰耍小聰明作弊，抑或表明規則定義不夠明確，當然還包括對關卡輸贏的不服氣。雖然不到吵架程度，但雙方人馬都竭盡所能據理力爭，紅隊也不是省油的燈，嚴守崗位，每個人好似要爭論到自己贏才願意善罷甘休。

說實話，輸贏真的那麼重要嗎？做為觀眾，可以解讀成他們是為了做效果，透過計較或大或小的輸贏來增添可看性，只是站在他們的立場，正是因為每次錄製都百分之百投入，就算嘴巴上可能嚷嚷著不在意，但隨著關卡的推進，一不小心愈玩愈走火入魔。因為太在乎，得失心在心底默默醞釀，一不留神就被淩駕。

也許多數人以為相較於ＫＩＤ，坤達沒那麼認真看待輸贏，ＫＩＤ卻偷爆料其實不然，他們倆的得失心簡直不分軒輊，即便知道「認真就輸了」、參與這麼多年早該習慣，終究還是放不下。

「每一次遊戲的輸贏，我和達哥的得失心還是放很重，不過我在節目待比較久，知道如何調適，相信達哥一定比我更重啦！」ＫＩＤ一副幸災樂禍的樣子說：「偶爾我會和達哥私聊，以過來人的身分告訴他，這樣下去心理會不健康、容易受傷。可是不能一直和他聊這些話題，不然他會覺得『你贏了就話多喔……』」接著坤達不以為意地反指控說ＫＩＤ才是團隊中得失心最重的人（看到了吧！不服輸精神再度浮上水面）。

檯面下是相知相惜的好兄弟，檯面上則是黃隊與黑隊的良性競爭關係，兩位大男孩英雄惜英雄，不管遊戲最後誰輸誰贏，免不了互相嘴炮一番，停機後，再以自己的方式給對方臺階下。ＫＩＤ舉例，若是自己拿下勝利，儘管鏡頭上會表現出心情愉悅到挑釁另一隊的樣子，但事後他會傳訊息給坤達：「欸哥，謝謝你喔，讓我今天可以提早回家看木木和老婆，反正你老婆（柯佳嬿）拍戲也不在。」貼心之餘還不忘調侃。不過收到坤達的回覆，他總忍不住笑出來，「他也會說：『我今天抽球的時候，也是想說你很久沒看到兒子了。』我們兩個就是互相安慰，紅隊都不管我們啊！哈哈哈。」

他們為在乎輸贏的小心思找到解套方法，既不會因遊戲產生疙瘩，又可以化解當下陷入競賽結果的矛盾情緒。坤達樂觀地表示：「記得還是固定班底時，常說的一句話是：『贏不一定是真的贏；輸也不一定是真的輸。』遊戲輸贏結果是從數字來看，但等到節目播出後，內心獲得的可能是另一層面的感受和學習，所以我會覺得『輸』不見得代表不好的意思，取決於你怎麼去看待這件事情。」

上一秒才說看得開，下一秒卻又大方承認自己就是想贏，起伏不定的好勝心，連多數時刻處於「佛系狀態」的坤達都無法掌握。「參與《玩很大》以來，遇過最大的挫折是之前經歷的五連敗……」坤達苦笑，像是硬擠出笑容，喚醒了過往記憶，一旁的小董露出耐人尋味的表情，「我當然想贏啊！怎麼會不想贏呢！可是當你愈想贏的時候，愈贏不了，會有一種無力感。太在乎遊戲輸贏，反而不知道為什麼在最後一刻心裡會有點怕怕的，氣勢也跟著縮起來，即使我在前面的關卡瘋狂拚命，比數多出很多倍，心想這次應該穩了吧？結果最後就是出現反轉，輸了……」他嘆了一口氣，「這到底是為什麼呢？」

他屢次問自己，可是又找不到答案。當然，坤達不是沒有玩到生氣過，「還是固定班底時，兩隊都很認真玩，認真到那三季黑隊和黃隊各自有一個小群組討論，真的形成競爭關係的感覺，KID也說我們太認真了，這又不是《全明星運動會》，哈哈哈哈！」

小董以旁觀者角度看待兩隊的心境變化，他認為那三季的模式剛好是分配固定隊員，再加上每個隊員個性不同，有人可能在意某件事，但其他人覺得還好，大家朝夕相處，太了解彼此在乎的點是什麼，一場節目錄製費心費神又費體力，工作負荷明顯快要超越預期的範圍。

「每次錄影下來，難免會想說為什麼誰要偷吃步，或者隊長都不開口爭取權益，久而久之，一次、兩次、三次，累積下來就會不爽。」坤達說。

心有不甘的不只是坤達。

和向下扎根的勝負欲拔河，「得失心」隨時蠢蠢欲動，KID吐露前陣子發生的事件：「有次懲罰是兩次出國錄影不能搭商務艙，雖然前面八、九年幾乎都是坐經濟艙，根本沒什麼大不了，但那次老實講，我們本來要贏了，卻因最後賽制輸掉比賽，我心裡覺得很嘔，又怪自己的運氣不好，我的身分是小隊長，對其他隊員實在有點歹勢。」

遊戲本來就有輸有贏，內心折騰的過程在每次錄影時必定上演一輪，他們不是輸不起，而是在每個全力以赴的當下，希望替團隊爭光，是責任感和榮譽心帶領他們向前邁進。雖然殘忍，但連續失敗確實會漸漸地提升彼此的「耐挫力」，也因為關卡好玩，想要繼續挑戰下去。

好比經常被不可控因素打敗的紅隊，過程一有不順就容易影響團隊士氣，導致錄影多數時刻處於氣氛緊繃狀態。他們的得失心發生在戰戰兢兢的現場，表面上看起來平常心面對，心臟卻偶有承受不住的時候，小葉姐強顏歡笑：「只是我們不想去記而已。但我覺得節目很妙的地方是，一直以來好像都有受到綜藝之神眷顧，例如前半段賽制我們一路贏，到最後卻被另一隊逆轉勝，這不可能是 set 出來的。」

「有次在馬來西亞，雨下到幾乎快淹水的程度，錄到一半決定喊卡，那一關直接取消。」因天氣不佳錄影被迫中止，小董說那是近十年來最慘烈的一次，記憶力超群的小葉姐再度幫忙喚醒回憶：「還有唯一一關錄了之後沒有播出啦！關卡和我們試玩的預期不同，其實錄得滿挫折，拍完後憲哥私下找我討論，他提出遊戲的問題點，認為品質不太好，表明播出的話，對團隊不見得是好的。我們有向兩隊隊長道歉說沒有處理得很好，畢竟這影響到他們的勝負，等於獲勝的隊伍少了贏一關的分數，所以我們必須先取得大家同意，確認是不是剪掉這關。」她說幸好來賓非常體諒紅隊，憲哥甚至出面幫忙說話緩頰。

失利不可避免，重點在於勇敢坦承失誤，小葉姐語重心長地說：「一趟外景要錄八到十個關卡，眼看下一關要開始了，沒有時間停留在上一個挫折，通常真的是整趟行程結束回來後，才會開檢討會，大家一起去思考問題到底出在哪裡，下次該怎麼防範。」小董附和，情緒只能留在當下，要練就秒收情緒的功力，否則帶著患得患失的心情繼續參與節目，除了會影響到很多人外，對自身也是很痛苦的一件事。「因為現在新人也多，我們得先穩定自己，才有辦法穩定下面小朋友的情緒。不然如果我們幾個也慌張，小朋友們會覺得現在到底發生什麼事了？應該怎麼處理？」

小葉姐：「紅隊有一個滿困難的地方是，節目要帶給觀眾歡笑，我們（工作人員）也要激勵藝人，讓他們敢去挑戰那些遊戲，鼓勵他們做得到，這樣藝人就會表現得更好。我們在現場的情緒必須收起來，很難去展現自己的負面和沮喪。即使前一天很累、沒睡覺，或是上一秒才被製作人飆罵很不爽，但一定要是全場笑最大聲的，成為支撐別人的力量。」紅隊老鳥B成員深感認同，絕大多數藝人都需要掌聲，丟出一個笑話沒人笑（捧場）的話，往往就沒有力氣再繼續製造第二個「笑果」。

小葉姐：「或是像憲哥有時候同一個哏講八次了，我們還是得笑啊！」

潘映竹
李佳薇
Ash

CHAPTER 3
玩很大宇宙的擴張

做節目的最後一道防線

在那一張又一張的笑臉背後，是由玩粉看不見的辛酸血淚堆疊而成。

隨著《玩很大》人氣水漲船高，成為全臺家喻戶曉的綜藝節目，初心仍鎖在心頭，不過他們不再像十年前剛起步的時候，以新鮮又破格的有趣內容為首要考量，用不著擔心外界是否會掀起輿論，可以肆無忌憚地發想企劃。這並非意味著現在團隊沒限了，淪為照本宣科的無聊綜藝節目，而是受眾無止盡擴大後，人人心底有劃下明確界線，再怎麼樣都不能為了收視率或流量恣意妄為。

成千上萬雙眼睛盯著《玩很大》，他們自覺有責任盡到電視人該做的把關，不忘肩負的使命和責任，拿捏好內容呈現的分寸。

這些年跟著《玩很大》一起茁壯的小董平心而論，節目確實漸漸做起來，累積到一定聲量後，團隊反而變得比較綁手綁腳。若解讀為創意相對受到局限也沒錯，可是那些轉變不等於犧牲，社會責任不是包袱，「必須說，當外界的聲音和受眾族群年紀範圍愈來愈廣泛，大家賦予這個節目的期望也更高，我們要考慮到更多社會責任和教育層面的事情。」小董解釋。由於小孩和年紀較長的長輩都是玩粉之一，他們沒辦法毫無邊際地天馬行空、做出太誇張或媚俗的遊戲設計；例如節目初期有吃羊大便的環節，考量到觀感問題，原則上現階段不太可能再次重現。

「也不能露屁股啊！」小董一說完，大夥兒相視而笑，彷彿都在腦海中翻閱到某一頁回憶錄。「以前在尺度上當然會開放一些，畢竟現在《玩很大》是闔家觀賞的節目，我們發現很多反饋是家人和小朋友一起收看，無論是菜市場的阿公、阿嬤，還是小學生，他們都叫得出小隊長的名字，這時我們會去反思，那些至今播出的內容，到底適不適合小朋友看？」雖然小董是疑問句，但我們相信，他和紅隊其他夥伴心中的答案「肯定」比疑問還要多。

陪伴電視節目挺過收看模式轉型期的小葉姐感受更加強烈：「電視要晚上十點準時鎖定才看得到，播完就結束了，而網路是二十四小時隨時點得到，就算過了三年、五年，還會有網友留言評論內容怎樣，這時不得思考更多面向。」由於播出時段是週六晚上十點，最早《玩很大》的定位是給成年人看，而且期望受眾是一票滿腔熱血的年輕人，直到開播三、四年後，正式迎來網路時代，點閱率顯著攀升，意味著觀眾反饋來自四面八方，甚至會去檢討或大或小的環節。

老早脫離苦海（？）的元老級紅隊A成員雲淡風輕地說：「關注愈多，大家的要求自然有增無減。」即使觀眾沒有直截了當明說，但從主持人到紅隊皆和玩粉心意相通，許多人對《玩很大》的期待，不再只是尋求兩個小時的快樂或療癒時光，既然具有指標性，在職責範圍內，期許處處能以身作則，立下沒有其他節目可以輕易超越的境界。

於是懷抱理想的他們捫心自問，《玩很大》的本質是什麼？難道所謂的「綜藝」，只能是世俗既定印象中的胡鬧或不正經嗎？在不過度娛樂化的前提下，如何取得平衡？

「早期很常被罵霸凌，那時是設定關主代替紅隊發言和說明規則，想要讓一些演藝圈新生代藝人有更多表現機會，他們可能會跪著講話或被丟下水，也會被其他來賓群起圍攻，這些舉動常被說是帶頭教小孩霸凌等。」

KID則是注意到近年節目的觀看年齡層逐漸降低，除了言行舉止的以身作則外，自身做效果也必須考慮得更全面。「很多時候女來賓穿泳衣就會招來家長投訴，覺得男生反應像色胚，或是很刻意逼迫她們

綜藝
MR.P
adidas
adidas

HARDEN
MVP
MR.PLAYER
玩
adidas
adidas
BASKETBALL

e-go
台灣租車

CHAPTER 3
玩很大宇宙的擴張

HeliSTAR
cambodia
XU-189
STAR
cambodia
PLAY
MISTER.PLAYER

PLAY
MISTER.PLAYER

PLAY
MISTER.PLAYER

露身材的感覺，我們得去思考如何靠後期剪接的方式，讓尺度不會太超過，觀眾看起來不會不舒服。」

錄製當下，眾人可能起鬨且場面歡快，以為觀眾應該會跟著笑倒在地，結果等到節目播出後，小隊長和紅隊彷彿成了千古罪人，教壞小孩、霸凌疑慮、做不良示範等聲音不間斷地浮出水面。本意絕非如此，小葉姐認真地想，即使僅有一位觀眾有這種念頭，也勢必需要釐清問題和癥結點。有好一陣子她和小董會在好看娛樂關起門來，針對節目掀起的後續效應進行一番討論。

「後來我生了小孩，會讓他一起看《玩很大》，當我看到那類留言時，都很困惑地和我老公說，綜藝節目賦予的社會責任到底是什麼呢？小孩在人生中一定會經歷很多遭遇，家長不見得能永遠保護他，例如他會聽到同學罵髒話，在學校遇到同學指責自己哪個遊戲沒玩好、罵他表現得很爛。我覺得在這些過程中，可以教我小孩的是『以後跑輸了要怎麼辦？』『同學笑你，你要怎麼面對？』而不是禁止他去面對所有的一切。」

小葉姐淡然地分享，每回正式播出前，該集會經過謹慎評估確認是能夠放送的內容，親自嚴格把關尺度拿捏，與團隊達成共識，而非一意孤行地採取行動。觀眾當然有挑選節目的權利，不過與其呼籲不適合年紀較小的觀眾收看，她更傾向的做法是企圖在兩者間找到更深層的教育意義，進而達到寓教於樂的效果，這又何嘗不是一件創造雙贏的有益方式呢？

因為在乎，才會走心

綜藝節目好看的精髓之一，包含本質上一定要參雜有趣元素，所謂的有趣，並非主持人或來賓的笑話一個接一個說不停，抑或為了搞笑做一堆內哏包裝；最吸人眼球的反而是身為觀眾的我們，能夠一窺藝人徹底卸下所有包袱，在鏡頭前呈現最真實的狀態，尤其不同性格製造的強烈反差，往往影響了節目走向，以及間接形塑出每個人鮮明的行事風格。

舉例來說，本來觀眾不太熟悉的演員，原以為是安靜氣質路線，想不到竟然為了爭輸贏不計形象豁出去玩遊戲，刷新大家對他的既定印象。

不過不管是誰，當他們掏出真實的自己，向大眾洩露毫無矯飾的那一面，KID以過來人的經驗坦言其實具有危險性。後期的剪輯可說是重塑人設的重要關鍵，只要短短幾秒，就可以豐富節目的有趣性，卻也可能會因為畫面上的單一視角，導致一舉一動、甚至無心的一句發言，被網友無限放大或貼上標籤，認定你就是怎樣的人。

「在《玩很大》裡，我就是很容易走心、容易把情緒表現出來的代表人物，這是節目需要的東西，我不會去怪他們。有時後製真的可以拯救一個人，能夠塑造出一個偶像或英雄，讓觀眾對他徹底改觀。」

他們在節目上無所遁形，縱使出發點是為了節目效果好，想要製造令人印象深刻的笑點，只要有觀眾不買單，屢次出現謾罵的聲音，想要扭轉形象便可說是難上加難。這也說明為什麼有些藝人對上節目會心生膽怯，或者不太敢多做反應，認為自己難以適應節目節奏。

鍵盤俠一字又一句的尖銳留言，大家都看在眼裡，就連幾乎每集都成為標靶的KID，也曾差點扛不住往心裡去。

「這幾年大環境又變得不一樣了，觀眾都變成警察，看節目會放大檢視，可是這更複雜了，因為那些人沒有待在裡面，以旁觀者去評論其實不太標準也不客觀，只有玩的人才會知道事情發展的全貌。」ＫＩＤ皺起眉頭繼續說，「我確實遇過有些人之前覺得遊戲簡單，實際來節目玩之後，一面對鏡頭會慌，整個人就呆住了，可能連最基本的成語都講不出來。」

外界將他和「玩樂擺第一」畫上等號，儘管ＫＩＤ看起來無堅不摧，一副大剌剌的模樣，深入他的靈魂內在卻是貨真價實的雙魚座，心思極其細膩，是會對許多小細節想很多的個性。這樣的特質，無形間造就ＫＩＤ在節目中被冠上易怒且容易走心的頭銜。特別是每逢來賓選隊長環節必發生的名場面，總有三分之二的來賓渴望加入坤達帶領的黑隊，選ＫＩＤ的人寥寥無幾，他錯愕的反應全寫在臉上，偶爾用大嗓門拉票、斥責沒有選他的人，舉凡憲哥、坤達和固定班底，還會逮著機會調侃他一下。

好奇坤達被許多來賓指名有何想法？「不要講這個，這話題有點敏感，因為每次ＫＩＤ都會走心。」坤達掛著曖昧的笑容回答，開玩笑表示，如果被ＫＩＤ知道自己亂講話，肯定會用別種方式來弄自己。「可能大家是害怕被KID罵，因為他有時個性真的比較急一點，對隊友比較嚴格，但老實說，他滿暖心的，是心思很細膩的小隊長，和他同隊的人應該都會感受到。」

「其實這對我來說已經是小到不行再小的事了，當下我的確會走心，憑什麼沒和我相處就先斷定我是怎樣的人？」KID意識到，長期下來自己已被塑造成愛發脾氣、很凶又愛吼叫的形象，來賓會先入為主認為和他一隊壓力爆棚，連紅隊事前給來賓做的問卷調查，其中一題是「來《玩很大》最害怕的事情是什麼？」旁邊備註寫上：「例如：和KID同房。」

「我一直和紅隊說幹嘛這樣嚇別人，好像我真的很可怕一樣，每次都把我汙名化欸！」見KID愈說愈激動和無奈，小董還默默地開起玩笑：「我們會增加一條例子，不敢聞達哥的腳之類的，哈哈哈。」

也許是善於苦中作樂，KID的情緒平復得很快，他馬上話鋒一轉：「後來我心態有變強大，思維轉化成『反正節目好笑就好』。來賓一來就表明要和坤達同隊，因為大家就是想要選帥哥嘛，我覺得很OK啊，如果太認真去選隊伍、進行戰力分析的話，那也不太對。身為一個綜藝人，這種節目玩的脈絡哏本來就是自己要去消化的，總之我很清楚，等你們和我相處之後就知道我的為人了，不用一定要多講什麼來證明我是一個好人。我很開心也很慶幸的是，我盡量用短短的錄影天數讓本來不認識我的藝人朋友，以及不同領域的來賓完全改觀。」他擅長對自己自信喊話。

酸民的激進發言不勝枚舉，KID到後來不再去看那些偏頗的言論，假如在節目中不小心覺得委屈、一時往心裡去了，小董就是他的避風港。「大家好像會想說我都在鬧，但我真的超級累，也沒有想要抱怨什麼，有時和小董『men's talk』一下，找個窗口宣洩就好了。不過以前小董都不鳥我（笑）。」

KID餘光偷瞄小董，發現他沒有反駁：「《玩很大》很妙，從臺灣出發到國外，或者從內湖集合到外縣市，拍攝兩集從頭到尾都是同一群人，不太會接觸到外界，包括我也不能帶經紀人和助理。如果他們在，等於我至少每個環節都有可以抒發心情的對象。過程中雖然有坤達在一旁，可是我們都在遊戲裡，沒辦法客觀地訴說，因為我們檯面上是敵人，私底下是好朋友，遇到不公平的事情到底該不該去分享？感覺有點怪啊！」雙魚座控制不住思想的特質再度發威。

沒比較沒傷害，雖然哥們倆同是雙魚座，年紀也相仿，但最令紅隊感到不可思議的是，他們剛好是兩隻對應的魚、是一面鏡子，個性天壤之別。

坤達內斂到總讓人猜不透他在想什麼，不但幾乎不會把情緒寫在臉上，面臨措手不及的窘境，他依然可以處變不驚。每次除了盡量跟到首播，節目上傳到YouTube後也會再去看一次，就連心血來潮去查看 YouTube 上的留言，他都自認屬於不太會走心的類型。

「除非偶爾啦，有一、兩則可能剛好講進心坎裡就……」誇讚坤達心理素質強大，換來他的傻笑，「夠強、夠強。但我看留言，主要是去看網友注意節目的哪一塊，再從網友的角度去反思我下次應該怎麼做會更好，或是這個地方怎麼玩可以變得更順暢。」

至於哪類型的評論會稍微在意？他若有所思後說：「覺得不公平吧！或是覺得我們在遊戲運作的過程中沒有操作好。有些胡亂批評真的還滿明顯的，像是我和ＫＩＤ各自的粉絲，常為了要挺其中一方，在那邊互吵互罵，這是因為他們在互相較勁，不用想太多。」

「可是其實有時觀眾給我的壓力滿大的，」才剛說完自己相對不容易走心，坤達又語帶保留，「大家會覺得我應該要表現好，不能失常。某一次突然表現還好，他們就會說達哥今天怎麼了？或者之前經歷幾連敗的時候，偶爾在外面遇到玩粉，他們會對我說：『加油，不要再輸嘍！』我都會想，『欸？我一定要表現很好嗎？』心裡會有股壓力存在。不過老實說，玩粉們的反饋對我來說滿貼心的，幫我加油打氣、告訴我支持黑隊……」

之所以會對玩粉的期待有壓力，是因為坤達自我要求相當高，加上得失心作祟，贏了遊戲卻輸給自己，收工後返家，他悵然若失。「我印象中有幾次感覺特別明顯，好像是我太認真、太在意輸贏的時候，會有點沒有顧及到隊員的想法。回到家會覺得懊惱，為什麼我變成這樣？有點太走心了。」

TRICK or TREAT
怪獸學院

BUTTER
ROLLING
BUTTER

아카데미 공인중개사

1
4.5
5
5
4.5
4
4

懊悔和挫折感瞬間襲來，坤達努力回想當時心裡過不去的原因，「太想贏又沒做好的話，和隊友講話的口氣可能稍微急了，會叫他們快一點。當下我沒注意到，結束後回過神才產生不好意思的想法，我知道剛剛突然間有點斷線了。」對坤達而言，當上小隊長更要督促自己去學習拿捏呈現幾成「玩到生氣」的節目效果。

然而，論走心的頻繁程度，身處暴風圈中心的紅隊也不遑多讓。

小葉姐戲稱紅隊是最會假笑的團隊不無道理，一旦節目開始錄製，他們無時無刻要笑容滿面地迎接每一個不可預期的挑戰，在藝人面前，隱形職責是當個「快樂病毒」，只是即便再怎麼有熱忱，他們仍是有血有肉的人，心態可能崩塌，尤其在公開平臺被套上莫須有的指責，任誰都無法一派樂觀地默默承受。

檯面下網友的一字一句拳拳到肉，留意到紅隊的用心，他們會欣慰感動，但隨著觀眾的期待值攀升，出現比較具有攻擊性或針對性的發言占絕大多數，而且在成千上萬的留言裡，說不定還參雜侮辱性字眼。那般言論三番兩次地映入眼簾，就算沒有指名道姓，被點名的幕後夥伴還是會忿忿不平、受到傷害。

「我覺得《玩很大》算是第一個在網路上一直被熱烈討論的節目之一。以前那個年代，大家還沒那麼習慣看網路上的聲音，躲在暗處的網友發言很直接，剛開始真的滿在意人身攻擊的部分。印象超深刻也最走心的一句話，是有位網友覺得我們一直想不出新的內容，他罵：『×××！整個團隊都是豬！』」小葉姐試圖還原網友罵人的情境。

「還有一次是要貼象棋卡，從錄影到播出，我們沒有任何人留意到的錯誤是藝人翻了A牌，而我們卻貼了B牌給他。當時大家都疏忽了，連製作人順帶（播出內容）時也沒察覺，結果就這樣播出去，後來網友當然非常生氣也直接來留言攻擊說：『紅隊沒腦、沒眼睛嗎？』」

小葉姐說節目播出前會經過層層把關，到某一個階段總會有人發現哪個環節有錯需要修正或調整，一不留神就可能造成無法挽回的局面。「我們真的犯錯了，一定是向玩粉道歉，告訴大家下次會設法改正等。不是每個人都是全能高手，也不可能永不犯錯，唯一的解決之道就是承認和面對。」

問到團隊裡誰最容易走心，他們面面相覷，沒有人想要拿下「走心王」的頭銜，這時小葉姐突然當起裁判角色：「他應該還好，我覺得是B和C耶！」話還沒落地，小葉姐用手指指著對面兩位夥伴，被點到名的兩人充滿錯愕感。

一致公認最感性的C成員為了反駁，聲音頓時高亢起來，她頻頻強調，過往經驗是被罵到生氣居多，倒不是難過到走心。「曾經有個關卡下午五點左右開錄，錄完已經天黑了，網友就罵我們區區一個關卡，竟然讓藝人從白天跑到黑夜，怎麼可以搞得大家那麼累又不顧危險，還說我們是豬腦袋，那麼多顆腦，難道想不出一個比較合理的遊戲嗎？」宛如用三言兩語抹殺掉紅隊的辛勞，老鳥B成員皮笑肉不笑，「後來想遊戲時會揶揄彼此，調侃自己或同事不要想那麼難的關卡，不然到時候錄到天黑，又被說是豬腦袋。」

「有些觀眾的留言是『為什麼製作單位都不發這個來賓？』『誰誰誰好不會玩遊戲！』『遊戲怎麼這樣設計？』看到他們的評論，有時我會忍不住想用私人帳號（小帳）回嗆。」果然薑是老的辣，面對無意的找碴，老鳥B成員完全沒在怕，「大家應該都想過這麼做吧！留一些看似中立的話，但其實主要是幫節目或公司講話（笑）。因為觀眾可能常會有『我是觀眾我最大』的態度發言，我會想說每個人都人生父母養的，有需要這樣講話嗎？」

「一集播出後，他們可能走心個兩、三天，正當心態快要復原時，下一集又來了，所以負面的心情很難過去。」不會對觀眾評論輕易動搖的小葉姐客觀地分析。

C成員在一旁小聲爆料，B成員看太多讓人走心的言論還會截圖下來，「早期想遊戲時，藝人一定會耍一些小聰明，某些家長會覺得他們用技巧作弊、搞一堆小手段，我那時看到有一位網友罵我們是垃圾節目，說垃圾還硬拗。後來我們回覆比較沉重的內容，就說：『《玩很大》只是一個節目幹嘛作弊，垃圾們深深一鞠躬道歉。』哈哈哈。」B成員對於小董說過的「有關做節目的社會責任」謹記在心，會截圖一方面是氣不過，另一方面也是想提醒自己。以自嘲反擊酸民留言，實質上紅隊成員也獲得短暫的抒發空間，偶爾在辦公室互相取暖也挺好的呀！

菜
菜
菜

天后

玩

玩
MR.PLAYER
玩
MR.PLAYER

CHAPTER 4

十週年，不小心玩出真感情

十年間翻山越嶺，跟著《玩很大》環遊世界，一不留神，達成各式各樣的里程碑。現在，《玩很大》不僅是全臺家喻戶曉的綜藝節目，而且玩著玩著，居然一路玩到金鐘獎頒獎典禮了！

幕後推手之一的小葉姐，跳脫舒適圈、開闢另一條道路，展開下一趟旅程；曾聽命行事的小小企劃小董，晉升到製作人，能力值已累積到足以帶領龐大的黃金團隊；《玩很大》靈魂人物——憲哥，共同經歷每位夥伴的人生起伏，始終像大家長守護著每個人；玩粉見證「瘋面仔」ＫＩＤ從當兵、失戀到結婚生子的歷程，生命中最重要的每一刻，都有《玩很大》相伴左右；從前置身於

綜藝節目感到格格不入的坤達，如今變得能言善道且游刃有餘，甚至迎來 Energy 合體復出，在節目中情義相挺。

從幕前嬉鬧到幕後坦誠相對，在這歡樂的團隊裡，就算再怎麼挖苦或捉弄對方，以及屢次為想法不同而產生摩擦，他們之間濃厚的羈絆也不曾被切斷。玩出真感情是意料之外，奉獻青春，也交付出真心，無論在這團隊扮演的角色、職位是什麼，已經宛如家人般的存在。

既然是家人，便不會計較付出的多寡，相互理解且尊重，比起遊戲輸贏，難能可貴的共患難情誼才是最無與倫比的收穫。

走遍大街小巷，散播歡樂散播愛

「別人要花錢才能去旅遊，我們反而是用旅遊在工作，應該要惜福了！」憲哥一甩愛開玩笑的本性，突然感性地道出藏在內心許久的體悟。「我在演藝圈將近四十年的時間，從來沒有看過任何一個節目可以把彼此的心境拉到這麼接近的距離……玩粉也一樣，他們可能從十年前開始看這個節目，不斷帶著大家的目光到我們去得了的任何地方。每一個去過的國家景點，偶爾都會出現在我們的腦海或夢境之中，十年過去，赫然發覺自己怎麼突然間懂了那麼多？」

無論交通工具是遊覽車還是飛機，無論目的地是臺灣墾丁還是土耳其，觀眾就算工作再怎麼繁忙，都能跟隨《玩很大》身歷其境，享受不同風俗民情的美妙之處，一起大開眼界和學習新知。退役的紅隊A成員說，即便自己已不在團隊多年，每當回想起來那段歲月仍然感念，「當時《玩很大》帶我看了好多外面的世界，每次去不同國家，都是以往沒有想像過有機會前往的地方。」

走遍世界各地，不限城市地區，玩粉也隱身於大街小巷。對團隊而言，處處充滿驚喜，走在路上可能只是驚鴻一瞥，都會發現玩粉的存在。「有一次去香港錄影，藝人們準備進餐廳吃飯，我突然瞄到路口處不知道是警衛還是員工，居然正在用手機看《玩很大》，還抬頭看一下我們！」C成員興奮地提及印象頗為深刻的外景插曲，成就感來源就是如此簡單純粹。「我的成就感是我媽每一集都會看，而且是禮拜六準時鎖定。」目睹家人變成忠實觀眾，B成員既感動又光榮。

小葉姐得到的慰藉不亞於紅隊其他成員，即便多半時間奉獻給工作，家人們仍默默支持，成為最強大的後盾。「我老公和小孩去哪裡都穿《玩很大》的T-shirt，」話還沒說完，兩旁同事已撫掌大笑，「我老公問我：『妳今天真的不和我們一起穿嗎？』還有一次去民宿，他們又穿一樣的，一進去，負責管理民宿的阿姨問怎麼買得到，我老公很認真地告訴她，上《玩很大》官網買……我立刻退離他們好幾步。」口嫌體正直，表面上覺得對家人的行徑感到難為情，但心中除了萬分感謝外，也更加篤定自己確實透過節目散播歡樂散播愛。

C成員加碼分享，原來小葉姐的小孩甚至會被同儕詢問怎麼有那件周邊 T-shirt，孩子會抬頭挺胸以自豪的口吻回應：「我媽媽是做《玩很大》的！」

「我小孩禮拜五晚上洗完澡後就會換上《玩很大》的衣服，他們說禮拜六是『玩很大日』，要看節目，有這樣的儀式感也滿酷的。」

最直接的反饋往往都是相處最緊密的家人，就像KID與坤達成為全民小隊長後，為自身帶來的改變難以忽視，特別有觀眾緣的坤達笑稱太太也非常有感。

「我覺得我的粉絲年齡層有擴大（笑）。其實《玩很大》滿多小朋友在看，常常是家長表示家裡小朋友很喜歡我，因為我出道是二十年前的事，粉絲差不多固定在某個年齡層，現在又突然吸收到七、八歲的孩子，感覺很奇妙。」

「以前和老婆出去吃飯或逛街時，我不太喜歡被認出來，如果發現有人可能在竊竊窣窣，心裡會有股煩躁感。可是不知道是不是在《玩很大》訓練有成，現在遇到同樣情況，我會很大方地和人家打招呼，主動問對方要拍照嗎？這對我來說是一個滿大的改變。反而是有時太太會覺得有點煩，她說：『每次都是你被認出來。』哈哈哈！」

他們與玩粉之間的距離，不是藝人與粉絲的關係，而是熟悉的陌生人，認識好長一段時間，一直知道彼此的存在，偶爾在世界上某個角落遇見了，相視而笑、隨意打聲招呼，不著痕跡地傳遞暖流。其實包含來賓在內，團隊營造的氛圍向來是把大家當自己人，坤達參與《玩很大》至今便認為這節目就是有一種莫名的魔力，也是他感到最有趣和與眾不同的地方。

KID幽幽地說，《玩很大》帶給他的最大成就感來自於走入人群後，意識到自己的形象變得平易近人。就算是隨處巧遇玩粉，都好似本來就認識的朋友，能夠輕鬆搭起話題。「我覺得很妙的是，大家在路上遇到我，不會像看到偶像那樣尖叫或失控，他們會說：『欸！KID，你也來高雄喔？』『你上次釣魚怎麼弄的啊？可以傳授一下嗎？』真的太像朋友了，我有時會想開玩笑反問我和你很熟嗎？哈哈哈！」

關心彼此近況或交流，與觀眾零距離，他們的存在宛如住在巷口轉角處的鄰居，ＫＩＤ繼續說：「這對我來說滿重要的，我本來就是希望大家能夠更了解我，而不是覺得我是一個看起來恐怖、容易生氣的人。」

散播歡樂散播愛，《玩很大》擁有無限感染力，並發揮正面影響力，讓每一個與其產生連結的夥伴，逐一變得更加美好。ＫＩＤ想起節目曾收到一位精神病院醫生的來信，專程寫信的目的是為了感謝《玩很大》的存在。「他有一個患有自閉症的小孩病人，每天都不走出病房，只待在房間裡；有一天醫生突然找不到他，結果發現他跑到會議廳看《玩很大》，而且看到我出現或大吼大叫時，他也會尖叫或大笑。醫生覺得他對我的聲音有反應，可能是受到我的歡樂笑聲和氛圍影響，雖然從來沒看過節目，但他沒想到現在醫學發達，自己已經研究這麼多藥物和機器，可是卻不知道綜藝節目竟然可以帶給病人這樣的療效。」重述當時製作人傳給自己看的信件內容，ＫＩＤ罕見紅了眼眶，「我當下眼淚直接飆出來，因為我從來沒有想過可以這樣幫助到任何人。」

CHAPTER 4
十週年，不小心玩出真感情

「我們真心在對待別人或這些事時，會被原本不是你熟悉領域的人們看見，不管是醫生、律師、軍人，他們真的會特地來鼓勵，甚至謝謝我們。」KID說，向來在《玩很大》就是毫無造作地做自己，沒想到因此獲得滿滿的感動，現階段也享受成為讓人開心的角色，在能力範圍內試著努力幫助到大家。

「具體一點來說，有了《玩很大》，我才算苦盡甘來。所謂的苦盡甘來是因為我的人生終於找到一塊浮木，或說一艘很重要的船，帶著我環遊世界，開啟人生的不同可能性。」KID忽然感性自爆，戶頭開始有存款是錄製《玩很大》後，「以前我住在菜市場裡，大家不知道我是誰，直到參加節目，有一天從市場走去巷口，路過魚販、肉販、菜販的每一位阿公、阿嬤都認識我。那時被人家認出來的感覺，好像我真的變有名，是一個明星了！」

無論是KID還是坤達，那些成長的軌跡，做為大家長的憲哥當然全部看在眼裡，「《綜藝玩很大》是他們演藝事業當中最大的轉捩點之一，看著他們在裡面出現巨大變化，每一個人都接了一堆廣告、開了演唱會，都是他們的高光時刻，個性上也變得更活潑、樂觀、開朗健談……」刀子嘴豆腐心，即使平常在節目上總對兩位認真的後輩開玩笑，偶爾被調侃到想求饒，看到夥伴在工作崗位持續發光發熱，憲哥比任何人都還要喜悅。

玩
PLAY
MR.PLAYER

NET

一個有愛的節目

雖然每個人嘻皮笑臉對待彼此，日常不太會把感性的話語掛在嘴邊，但想表達的感謝老早就數不清。這十年間各自在《玩很大》燃燒熱情，不小心建立起難分難捨的革命情感，他們的愛是無聲的，熾熱程度卻不分軒輊。

「《玩很大》對我來講就像生活中的避風港，我斜槓太多工作，生活幾乎全部被工作填滿，但一上飛機準備去陌生的地方錄影，不顧一切離開臺灣好幾天，整個人彷彿被重新洗滌過一番。」憲哥形容，每逢錄製期間，無疑是提供給身心靈一段最美好的充電時光，每分每秒感受到的歡樂與自在騙不了人。

《玩很大》不是人生的起點，卻是他們想要賴一輩子的地方。

點滴在心頭，每當暢聊那些豐功偉業，KID總直白地說：「滿厲害的。」他不但跟著《玩很大》玩出一片天，節目期間還一口氣經歷當兵、變成人夫和父親，被小朋友觀眾從哥哥叫到叔叔，而每一次的身分轉換，《玩很大》的各位都不曾缺席，並成為他最踏實的依靠。

「其實我一直是個沒有自信的人。」問KID原因，他難得卸下心房吐露真心話，「因為我家的環境不足以應付我的支出，很擔心當完兵後被演藝圈遺忘，會不會就沒工作了？我焦慮到不行，然後又看到節目週年飛去紐西蘭，他們拍的所有照片和影片，全部都沒有我，加上當兵生活極為無聊，心情真的很難過耶！」聽聞KID的百感交集，小董一笑置之，認為他過於杞人憂天。

服役一年多，KID度日如年，與其說深怕大家逐漸淡忘自己的存在，或許內心深處更擔心錯過參與那些共同回憶。因為缺乏自信，他在意別人的眼光，也渴望被認可，而《玩很大》恰巧給予舞臺且靜靜地守護著，讓他恣意展現魅力。

殊不知接下來的故事發展，簡直是老天捉弄人。當KID快熬過數饅頭日子，準備退伍迎接《玩很大》精心規劃一連串好玩的行程，不料疫情來攪局。「本來他們說絕對幫我安排一個厲害的回歸企劃，看是我最想去的冰島還是熱帶島嶼國家，還打算找一大群比基尼辣妹來錄影，讓我風風光光地回來。結果一出來，登愣！什麼都沒有，只剩『從南投走回臺北』！怎麼變成這樣?!」他揣摩那時的錯愕反應，回想起來依舊心如刀割。

「不過我覺得這都是老天爺給我的重要安排，如果真的去漂亮的島嶼國家，好像就沒那麼特別了，反而是我從當兵的營區走回三立，感覺和大家變得更親近了。」喜出望外的是，發現自己竟然在當兵期間依舊被許多人關注動向，就連擦身而過的小朋友、阿公、阿嬤都問他是不是退伍了。

「原本緊張和不自信的感覺，在我一步一腳印走回臺北的三、四天路程中慢慢消失，才開始慶幸大家沒有忘記我。那時的畫面像在選舉或舉辦廟會活動，很震撼，沿路兩排滿滿的都是人，還有摩托車一直跟。我在直播中心血來潮提到想要登山杖，後來全臺灣人都急忙送登山杖過來，數量多到我們差點可以賣登山杖維生了吧？」

被來自四面八方的愛包圍，KID的不安全與不自信消失無蹤，「回到節目後我沒有生疏，只覺得好興奮，很想趕快把累積的能量發散出來。」他激動地大喊：「我回來了！」只差沒有站起來舉起雙手還原當時場景。

「我人生沒走過這麼多路，小葉姐提出這個主題後，大家猶豫了一下，但想說林柏昇當完兵回來要有點特別的內容，單純覺得一路向北的企劃很有趣，結果第一天就後悔，腿根本快廢了！」C成員一說完，哀嚎聲絡繹不絕，「好像一天走了三、四萬步吧？感覺快要截肢

了，腳真的好痛！」對比KID彷彿超級英雄完成挑戰登場，同行的紅隊成員苦不堪言，但當下看見KID絲毫沒有偷懶、努力不懈走到底，他們也沒有回頭路了。

冷靜下來後，KID仔細一想，《玩很大》未曾放棄過自己，即使是前幾年比較菜、偶有出包狀況，製作人頂多「恐嚇」要他皮繃緊一點；甚至有陣子鬧得沸沸揚揚的分手新聞，《玩很大》團隊也陪伴他挺過。

「大家都知道，以前我的人生有三件很重要的事情，就是愛情、愛情、愛情，如果沒有愛情，就會覺得人生毀了。那時剛好失戀，心情相對來說很痛苦，在這個情況下錄影，我還是很認真玩遊戲，但老實講沒辦法露出太多笑容。可是我很感謝《玩很大》帶我走出情傷，他們不讓我一個人窩在房間，憲哥還故意放大我的表現和情緒，對每個人說我不認真、要把我換掉。我知道他在開

玩
MR.PLAYER

PLAY
700
100
800
500

PLAY
MISTER.PLAYER
PLAY

玩
MISTER.PLAYER
玩
MISTER.PLAYER

PLAY
10
狀元糕 8
番薯椪 7
蚵捲 6
甘蔗汁 5
蜜餞 3
蝦餅 2
香腸 1

玩笑，他的心態是想要故意用這些話激勵我振作。」

KID浪漫地比喻《玩很大》是他的快樂泉源，不定期治癒不同階段的低潮期，他還順水推舟偷偷揶揄憲哥。「我用最真誠的心來面對節目，不像憲哥，永遠都在那邊強顏歡笑，就算有新聞還是其他事情影響到他，他看起來都是完全沒事的感覺，超強！」團隊中，不僅KID重新體會到幸福的意義，紅隊的感性擔當C成員也不例外。

幕後工作人員把膽子獻給《玩很大》，而且幾乎把節目看得比自己的命還重要，憑藉對做節目的執念，拖著疲憊的身軀走到今日，難道都沒有一絲猶豫或後悔嗎？小葉姐一副事有蹊蹺的表情望向C成員：「問她最準，妳不是離職過嗎？」

這球來得太快速，C成員尷尬到笑場，「我是離開快兩年後再回來的。猶豫的點……當然就是覺得很累啊！可能大家二十六、二十七歲時都一樣吧，進來節目一陣子，剛好那時收視率很好，勢必認為會很長久，忍不住會想接下來我要繼續做嗎？會懷疑、會好奇是不是去外面闖闖看、嘗試不同的新東西，說不定我會更喜歡。還有因為我是外地人，那陣子常常不能回家，有點受不了。」適逢想要大顯身手的年紀，野心和欲望都在蠢蠢欲動，於是C成員做出取捨，懷抱複雜的心情遠走高飛。「不過去外面晃了一遭後，嗯……我發現還是很喜歡《玩很大》，所以就回來了。」

大家的目光停留在C成員身上，她姿態變得有些扭捏，「工作時是真的很快樂，我是很喜歡出外景的人。雖然從前製開始就有很多事情要忙，但外景當下很開心，看著大家一起完成不同關卡任務，還有主持人和其他藝人玩遊戲碰撞出的火花，我們在現場都笑到不行。我覺得最主要是團隊營造的氛圍，讓我發自內心喜歡這裡吧！」

解釋完心路歷程的C成員如釋重負，笑臉盈盈地說：「我覺得做這行的大家應該都想過離職吧！尤其還是小助理的時候心智都很脆弱，差別只是有沒有付諸行動而已，剛好我是有的那位，哈哈哈哈！」張眼探頭求認同，一如既往用打哈哈帶過掏心掏肺的真心話，避免場面尷尬到一發不可收拾。

每當有離職念頭，有些人習慣反問自己：「我堅持得下去嗎？」可是這問題堪比開書考試等級，如果真的撐不下去，C成員就不會吃回頭草，抑或像E成員從節目初期待到現在。

離職話題正火熱，小董冷不防地與大家意見相反。「離職的想法我應該是沒有啦！我滿喜歡這份工作，每個階段遇到的任務和狀況不太一樣，我覺得是個挑戰，當然也有懷疑過自己到底要做這節目到幾歲？我現在還需要花這麼長的時間來犧牲生活品質嗎？但每次來到工作環境或錄外景時，還是會強烈感覺到《玩很大》對我來說是很重要的精神糧食。」

用字突然感性，只見其他人笑成一團，還開玩笑表示小董是不是為了要寫在書上，才故意這樣精美比喻。

不顧左右兩旁的胡鬧，小董再次出聲：「節目遇到的每個人，包含現在新加入的小朋友，大家個性都不一樣，每次和他們在工作上的應對進退，或者私下相處的過程都覺得很有趣。」

曾經小葉姐如黑臉，小董則是白臉，不同於小葉姐的威嚴形象，小董以和顏悅色的態度擄獲人心（咦）。觀察下來，大夥兒聚集在一起時，他的話不算多，大多是靜靜地看著大家鬧成一片，頂多露出和藹可親的笑容回應。但那反應並非嫌棄或敷衍，正確來說是寵溺，像是慈父一樣。小葉姐剖析小董是冷靜型選手，情緒波動沒那麼大，擅長擔任心靈導師的角色，經常和不同夥伴聊天，若有需要，他也適時進行開導，包含紅隊成員、KID，以及被節目搞到發瘋的製作人，有任何狀況都會不自覺地尋求他的慰藉。

綜藝玩很大
KID
木木
把拔
野人小隊長KID　玩很大最愛你

PLAY
玩

PLAY
MR.PLAYER

北峰
orth Peak
2M
PLAY
PLAY
PLAY

CHAPTER 4
十週年，不小心玩出真感情

有革命情感的家人

「與其說《玩很大》是綜藝節目，不如說是一段屬於彼此的人生。」憲哥一句簡短的肺腑之言，道出團隊所有人的內心真實想法。

一起肩並肩打拚的歲月，基本上不太稱呼彼此為「同事」，原因無他，在每個人眼中，既是最有默契的好搭檔，也是密不可分的夥伴，絕對不是喊卡收工後就形同陌路的關係。這不是為了節目效果或賣情懷的矯情嚷嚷，而是發自內心視對方為人生道路上能一起走一輩子的「家人」。

正如團隊在南投的家人——紅薯阿嬤，因為單純的善意而結識，短短幾分鐘的片段，但緣分和回憶卻是永恆的。

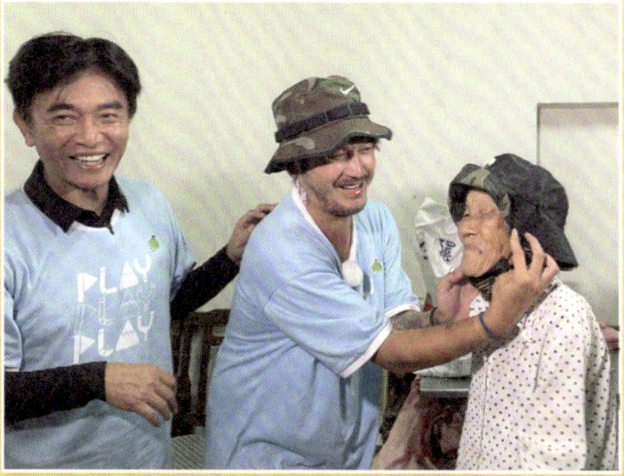

回溯八週年騎重機環島特集，總騎在隊伍最後頭的坤達無心插柳迸出感言，看著憲哥、ＫＩＤ自在地在前方奔馳，始終望著兩人的背影一路向前，進而聯想到當上小隊長以來，也是他們在前面帶領著自己，只要好好跟著便安心十足。與其單打獨鬥，坤達更喜歡和大家一起拚命，享受為了同一個目標或方向努力，水到渠成後摘下的果實特別鮮甜。

紅隊一致認同個性較內斂的坤達擁有高度的情緒價值，擅長把情緒收著，悄悄地留意身邊的人。「達哥一直以來就是偶像的存在（笑），一開始多少讓人覺得有點距離感，因為我們平常不太會聊天，直到正式加入後，才覺得他有比較敞開心胸和大家攀談。」小董說，以紅隊視角來看，坤達確實有些神祕又安靜沉穩，表面上難以接近，但他是會主動記下所有人名字的類型。「他很酷，來沒幾趟就記住了工作人員的名字，是連新人都會記得的程度。」螳螂捕蟬，黃雀在後，論觀察功力，發現坤達習性的小董無疑也非常拿手。

「坤達的加入讓節目有了新生力量，我確實用了很多時間和努力，希望他可以更活潑一些，就會不斷地『挑逗』他。現在當然不一樣，整個人活了過來，金口一開也是金句連連，有了三百六十一度的大轉變，真的是年度最佳進步獎得主！」憲哥趁坤達不在場，大力肯定他至今的努力。

於坤達而言，憲哥不僅是三人中的老大，也是《玩很大》的精神支柱，「他是電力無窮的人，你要想，他現在已經六十歲，但好像不太會累，跟我們跑上跑下，食欲甚至比我們好！還上知天文、下知地理，話匣子開啟後就講不停，真的不知道他腦袋裡到底裝什麼。他的想法和決策帶領我們與節目走向任何地方，是我心中一直以來非常佩服的大哥。」坤達一一細數憲哥的厲害之處，還慚愧表示自己一輩子大概都無法達到那般境界。

那麼ＫＩＤ呢？「我覺得他對我來說是大學長，不過我和他之間想法上有太多相似的地方，而且都是雙魚座，老婆都是摩羯座（笑）。」自覺扯遠了，坤達馬上把話題拉回來，「我們主控著所有隊員，而我常知道他在想什麼，當他往前衝，我就不能和他走同一個方向，必須走反方向。例如他在大吵大鬧，我認為黑隊就要走安靜文藝派，反正兩邊一定要做出差別。」有鑑於ＫＩＤ個人特質相當鮮明，不禁讓坤達思考該怎麼摸索出適合自身的路線，而非複製貼上，他清楚成功不是公式模板可以仿照出來的。

「有時ＫＩＤ會激發我產生點子和方向，他是很有創造力的人，例如節目該怎麼玩，才會有別於其他線上的外景實境益智遊戲節目。只是偶爾比較在意輸贏和得失心比較重，可能會影響到他的某些判斷，在觀眾眼中容易變得沒那麼討喜。」兄弟間該有的調侃還是少不了，「可是看著他，不知不覺間會知道自己該怎麼做，心裡滿感謝的。」

那份感謝之情放在KID身上也同理，他們稱讚彼此總是信手拈來，縱使坤達較晚加入團隊，且默契磨合的考驗尚未正式結束，KID仍不斷地強調自達哥加入《玩很大》後是錦上添花；他認為如果少了個性截然不同的坤達，精彩度會相對減少，黃金陣容少任何一人都不對味。

外景錄影朝夕相處產生的革命情感，使他們早就超越工作同事那層單薄關係，《玩很大》儼然占據人生一大部分。「二〇二三年，我的婚禮上，現場滿多桌都是《玩很大》的工作人員，包括老闆們。特地邀請大家出席，是希望他們到現場見證，這些人對我來說真的很重要，他們也是一路看我長大。」憲哥、紅隊目睹KID一路從 nobody 到 somebody，重要時刻哪有不到的道理呢？

事實上，KID的婚禮特別選在十月十日舉辦，除了呼應兒子十點十分出生外，還有隱藏版原因——二〇二三年是《玩很大》即將邁向十週年的一年，他為此賦予十全十美的意義。雙魚座的男人，果然骨子裡的浪漫是與生俱來的。

「這個節目應該算是陪著KID長大，初期他比較沒有自信，對很多事情猶豫、懷疑自己哪裡不好、認為自己有問題。後幾年他有了些成績，證明自己的能耐，相對看得出來他的自信心有提升，也更成熟了一點。」小葉姐宛如第一代大家長，愛之深責之切，那些肉眼可見的轉變，她全部牢記在心中。

「節目開始紅的一個時期，他其實滿在意外界對他的看法，也很在乎我們對他的想法，變得比較玻璃心。但我覺得他是真的很在乎這個節目，才會很容易走心，有時可能我們沒說什麼，也沒有任何情緒，他卻默默地放大我們的感覺。到近幾年當爸爸了，敏感的心思才變少，也開始替大家著想、替節目思考應該要做些什麼。」從以前到現在經常成為KID情緒宣洩窗口的小董，對他的成長特別有感，「他長大了，以前看人的眼神好像有敵意，現在眼中多了一些溫暖。」

憲哥常說假如沒有KID，就不會有現在的《綜藝玩很大》，因為節目非常需要有像他一樣的「瘋子」才做得來。掐指一算，憲哥不可置信地說，在這世界上和自己吃過最多次飯的人竟然是KID，次數已不亞於有血緣的家人。

雖然偶爾為了爭輸贏對憲哥據理力爭，但在KID心中，他始終是遙不可及的存在，論主持功力是神領域等級，並且就算變成關主，不會下場一起玩，還是用自己獨有的方法，在《玩很大》做到無可取代的地位，證明寶刀未老的硬實力。

「憲哥像一根針，把我們一個一個串起來。他最酷的是，前一天錄其他綜藝節目到凌晨四、五點，隔天還要和我們出國，收工馬上過來會合，行李都是助理幫忙收拾好帶去機場。交通時間他會瞇一下，抵達後開始錄第一關，rundown 可能看不到一分鐘，憲哥就可以和我們科普那裡的歷史背景，介紹的內容比原本的資料還多！」每當提及憲哥的豐功偉業，KID都不自覺投以崇拜的小眼神，「不過我還是覺得他做關主滿可惜的，因為全世界應該都想看憲哥被砸派或被懲罰弄得亂七八糟吧！」

KID露出自豪的小表情炫耀，因為工作場合對人較嚴格的憲哥，從來不會對自己凶。「我們之間有種兄弟情吧？他是用腦力做事，我都是用體力，兩個結合就是互補。憲哥知道我不是在搞事，有時我會用撒嬌的方式，或者鬧鬧他，來幫紅隊一些小朋友講話。」KID說，資歷較淺的紅隊夥伴面對大前輩勢必會害怕，不敢傳達指令，這時他便會和大夥兒同一陣線，擔任起橋梁角色協助溝通，讓節目更順暢地進行下去。

若是觀察入微的玩粉，肯定不難發現那些昇華成家人的情感，他們互相幫助，不分你我，不分幕前幕後，不分位階，因為在《玩很大》，他們形同一家人。檯面下的暖心事蹟不勝枚舉，例如紅隊有人不小心出包，雖然主管可能會罵、會唸，但團隊之間不埋怨，終究用愛包容彼此，日後拿出來調侃一番也不走心；不單是紅隊悉心照料螢光幕前的各位，四位主持人也對紅隊視如己出，他們從未想過，就連在演藝圈地位崇高的憲哥都把每個人放在心上。

「最早以前出外景時，工作人員會和藝人同車，憲哥在車上會和大家聊天。我原本以為那麼大牌的主持人應該很有距離感，可是他私底下給人的感覺很輕鬆，相處起來反而沒有任何壓力。」元老級紅隊A成員至今仍惦記著那段回憶。

「我覺得憲哥對我們來講就像爸爸一樣。」小董還沒解釋原因，已經令兩旁的夥伴津津樂道，「他和我們的相處模式分好幾個階段，剛接下節目的時期，比較像

柯有倫

嚴厲的父親，對每個內容都會挑剔，但你感受得到他對於這些孩子有一定程度的信任。到了中期，也許發現小孩長大了，會開始放手讓他去做；到了近期，可能因為他現在有了孫子，感覺他變得柔和，磨去很多尖銳的角，無論怎麼看就像個阿公一樣（笑）。」

「而且憲哥很棒的一點是，他從來不會對工作人員發脾氣，就算相處這十年真的有，大概也是一根手指頭數得出來吧！其實他滿站在紅隊的立場去想任何事情，和他講所有遊戲，他就試著消化，或者有時會思考得更周全，告訴我們應該怎麼玩比較好。」小董說，因為憲哥的和藹可親，不自覺會讓人想把他視為爸爸對待。

「不過憲哥有一點倒是滿特別的，他當然會對內容有想法，或是有工作人員某件事做不對時他也會說，可是他不會在別人面前說，不會在現場吼給大家看，可能回到家打電話、傳訊息。」小葉姐重新爬梳第一年在南投的外景往事，「那時有一關卡錄得很不好、非常糟糕，等到錄完後，他請經紀人來叫我們過去，私底下告訴我覺得哪個環節有問題。做為這個輩分的大哥，他其實大可以直接在錄影現場開噴，或者一停機立刻當眾講，但他會顧忌工作人員的感受。」

聊起這位大（老）家（父）長（親），擁有感性體質的C成員迫不及待補充前陣子發生的小插曲：「當時在下龍灣的船上，關卡需要跑動，準備開始時，憲哥和大家說要注意安全，也請藝人顧慮到攝影師和紅隊，不要互相撞到，紅隊很辛苦。他都是這樣交代藝人注意我們的狀態，一直以來憲哥是真的很關注每個人。我們做節目的個性都很急，他都會幫忙注意身邊的人可能發生的狀況。」

「而且他時常會帶頭感謝紅隊。」小董靈光一閃又見縫插針，「幾乎每一趟都會突然叫大家來點掌聲，或稱讚遊戲很好玩之類的，讓我們受寵若驚。」成員B接著說：「有次去怡保吃到一頓很好吃的早餐，憲哥在第一關開始前突然鼓掌表揚，當下我們會覺得很窩心，因為表示我們做的事情，他都有看在眼裡。」

憲哥光是一個表情變化，紅隊全員便能夠立即判斷食物好吃與否，對憲哥的喜好可說是瞭若指掌。依照大夥兒對他的認識，憲哥不是會做表面功夫的人，因此那些得來不易的反饋顯得更加珍貴。

致《玩很大》的最強後盾

二〇二四年金鐘獎，《玩很大》不負眾望再度拿下「最具人氣綜藝節目獎」，榮耀歸功於每一位參與其中的夥伴，憲哥、KID及坤達在臺上一搭一唱，宛如主持自家節目般炒熱氣氛，歡呼聲此起彼落，不過這回他們罕見地點到為止，幾乎把致詞時間留給一同上臺接受掌聲的製作人小董。

「因為愛，所以我們聚在一起。」

「愛」字脫口而出，精簡又肉麻的總結足以代表這十年來的共患難情感，小董有些哽咽，倒不是因為沒日沒夜做節目的人生跑馬燈在眼前閃爍，而是一路上的不容易，就算走得顛簸，他知道自己絕對不是孤軍奮戰。

每個人帶著真心解鎖不同挑戰和任務，相互扶持至今。穿上紅色制服意義非凡，不只是為了辨別身分或獲得身分認同，還象徵一檔成功的節目背後有多少強大後盾共同支撐著。就算只有短暫停留，曾經貢獻出汗與淚的每個人都功不可沒。

《玩很大》的扉頁上，各自獻上青春，累積起來的點滴形成難分難捨的雋永回憶。「《玩很大》就像讓我又愛又恨的另一半吧？帶給我痛苦，同時也帶給我歡笑。」B成員話沒講完，小葉姐忍不住吐槽：「你明明就沒有另一半。」E成員趁大家胡鬧，還打算打開 Google 找幾個厲害的形容詞來表述想法，果然他們的腦袋迴路非比尋常。

「工作很痛苦時，會出現好想離職的念頭，可是想到如果離職了，好像會滿難過的耶，等於要和交往很久的對象分開。」D成員愈想愈深入，遙想紅隊在辦公室做道具的日子，恰巧電視在播偶像劇，他們會邊聽主題曲邊做手工，聽到某些歌曲的旋律，就會自動連結到那個時期的特定回憶，在腦海中的內建程式自動播放。

「我想到很早期時，要是出包或表現不好，小葉姐會讓你下次不能跟著出外景。」只見小葉姐聽得霧煞煞，頻頻問其他人是否真有此事。「這樣出包的話是獎勵吧?!」小葉姐表示匪夷所思。

「現在是，以前可不是啊！被打入冷宮、少出一趟門，就會少掉很多共同的經歷。」C成員振振有辭地反駁，「而且錯過和大家出去相處的時間，會覺得好像少了點什麼，因為其他人回來一定是邊收道具邊討論那一趟外景怎麼樣，哪個橋段很好笑、很開心，沒去的人甚至想一起聽，不然真的會漏掉很多故事。」顯然被冷凍的懲罰，著實達到威嚇作用。他們非常重視同儕間的革命情感，少參與一次回憶之旅，會失落、會不平衡，看來無意間人生已被《玩很大》制約了。

「他們朝夕相處的時間太長了，連攝影師有時也會開玩笑說：『欸，我整年和你吃飯比和我老婆的次數還多！』彼此參與太多情緒上的喜怒哀樂，像是被逼跳水的時刻，都是身邊這些人一起參與，這種情況下建立出的革命情感和外面的朋友不太一樣。」小葉姐補充道。

B成員接著說：「人力難免會有流動，可是因為大家待得久，相處頻率又很對得上，還常開玩笑說我們有自己的小圈圈，導致有一陣子發現新人很難融入《玩很大》的 team。不過外景真的很累，許多人只看得到外景很有趣，但他們不能夠接受晒二十四小時太陽，或是整天不睡覺，進而退縮、離職。」

「紅隊真的很辛苦和非常盡責，每個人刻苦耐勞地一肩扛起大小事。別忘了！將來功成名就、往更高的地方發展時，記得告訴別人：『我以前是做《綜藝玩很大》的！』這將是你最好的一張名片，也是肩上最閃爍的一顆星星。」就算團隊成員來來去去，憲哥仍對紅隊引以為傲，並期待他們在《玩很大》吸收的養分，有朝一日能發揮作用，持續在電視圈大放異彩。

CHAPTER 4
十週年，不小心玩出真感情

細數《玩很大》至今得獎的輝煌紀錄，「益智及實境節目主持人」和「最具人氣綜藝節目獎」已是囊中之物，唯一總是與「益智及實境節目獎」擦身而過。說沒有得失心是騙人的，但有趣的是紅隊在談話間，金鐘獎有關的一切隻字未提，反而是KID和坤達比誰都希望看見紅隊把獎座帶回家。

「前幾年都有入圍，可是結果出爐有種就差臨門一腳的感覺。雖然很多事情是看老天爺怎麼安排，但我真的非常想要幫他們拿一座金鐘獎。」坤達對自身表現有期待，某一部分原因是希望藉由一己之力為節目增添一抹色彩。

起心動念倒不是因為在乎輸贏，而是渴望透過獎項的認可來表揚夥伴的辛勞；紅隊謝謝主持人從來不喊累地上山下海，一起風吹日晒雨淋，但實際上主持人也萬分感激紅隊在背後支撐螢光幕前的大家，面對各種挑戰都全力以赴上場，絕對值得獲得臺下觀眾給予的每一個掌聲。

「講到底，黃隊、黑隊、紅隊是一個 team，我和KID都很清楚，我們是一起和紅隊把《玩很大》變得更好看。節目十年了，很佩服紅隊能夠一直變出不同遊戲，不會想讓關卡設計重複，讓我們每次玩起來都覺得很過癮。」難得稍微流露出真性情，坤達本想做效果說些矯情的話，心裡那關依舊過不去，他的「示愛」點到為止。含蓄不到五秒鐘，逮著可以偷抱怨的機會，坤達忽然說：「我討厭不能吃飯的項目，吃到一半，工作人員衝出來把食物收走，難道不能好好吃飯嗎？為什麼還要玩遊戲？」他理直氣壯地揭開委屈，上訴完後卻又覺得太荒謬而嘴角失守。

「紅隊就是魔鬼！連他們都自稱是紅魔鬼耶！」KID放大音量，好似怕在場有人不知道這件事，「看表面以為他們是辣椒很辛辣，但其實是番茄，本質甜甜的。」下一秒KID又打槍自己，表示舉這例子太爛了，「看過我們聊天就會曉得，和紅隊不太像是對上司或工作人員講話的方式，給我的感覺像是認識好幾年的朋友，也幸好紅隊這幾個小朋友和我個性很像，相處起來很合拍。大家把分內事做好之餘，很多私事彼此都知道，額外的時間真的會約出去玩、揪露營之類的。」

「紅隊一直以來都是和我們一起成長，以亦師亦友的狀態相處。他們很辛苦地想新遊戲，十年了，遊戲從來沒有重複過，怎麼可能要求每一個遊戲都可以搞笑。

我很感謝的是，期間還包含我去當兵，他們沒有放棄過我，說我是他們首選的主持人……這是我實際感受到的才敢講喔！我也希望觀眾能夠看到紅隊的另一面，因為他們都像朋友一樣，我當然不希望朋友被別人誤會。」

「但我有一個小小的要求和奢望，給我一個自己的房間就好！之前都是和藝人睡，我覺得這樣變成還在工作的感覺，沒辦法好好休息，包含有時和坤達住，可能要和家人講電話或視訊，我也不太方便講一些甜甜蜜蜜的話啊！」ＫＩＤ大笑後心虛地表示自己在乎的怎麼會是芝麻蒜皮的小事。

根據ＫＩＤ觀察，歷代紅隊沒有出現所謂的「問題人物」，沒有人會趁機偷懶不做事，上上下下齊心為了團隊和節目努力，他由衷欽佩好看娛樂，公司竟然可以打造出如此團結的團隊。

憲哥曾大力稱讚紅隊，即便面臨突發狀況繁多的外景，基本上紅隊不會讓主持人發現，大夥兒以最有效率的處理方式靜悄悄地解決，不徒增主持人可能要煩惱的事。長期下來建立出的這份安全感，正是他們把對方視為無可取代的存在的原因。

「節目帶給我的啟發是：旅伴很重要。」B成員強調，「我認為人對了，一切都對了。就像這趟外景的來賓，如果錄的當下覺得很有趣，就認為這趟很讚，甚至回來好幾天還會意猶未盡，一直想討論。我們還有一個 Line 相簿，裡面存放大家好笑的畫面，偶爾會拿出來回味一番。」

永遠的小隊長

小董在金鐘獎的致詞令玩粉動容，最大主因出自他口中那句「四位主持人」。用詞輕描淡寫，但他們之間的羈絆可不是三言兩語就能一次道盡。

「不管是在哪裡的他，我心目中停留的印象是一直在笑的模樣。他私底下就是很會和我們幾個兄弟講大道理的人，而且有時候我們可能被一些想法困住，他會用很簡單的方式舉例，聽完之後會覺得好像迎刃而解了。」說起這位亦師亦友的人生導師，坤達的微笑停留在臉上，而明亮的雙眸已把曾經的傷心照亮。

曾經有位紅隊成員在 setting 過程中得知親人過世的消息，當下她強忍淚水，一心想著得讓節目順利進行才行，不希望情緒潰堤而影響到團隊。然而再怎麼想裝沒事，她的故作堅強，鬼哥秒察覺到異狀並上前詢問，「他的安慰讓我印象很深刻，他看得出來身邊的人是不是狀況不好，就算馬上要錄影了，他也馬上去和小葉姐說要我回老家一趟。」

「節目停停走走，主持去去留留，年紀到了，變成關主，也學會多用腦力，少用體力……我之所以成為關主，主因是想要把節目無縫交接，KID和小鬼就是我埋下的伏筆，不過後來沒有辦法順利接班，也是我心裡很大的痛。經歷他的離開，我們一起掉眼淚，一起回憶走過的點點滴滴。」憲哥說。

「雖然只是短暫相處一段時間，但很刻骨銘心。像我和憲哥的關係就是出去四天，一天吃四餐，等於我和他吃飯的時間一定比和他家人還多。我和鬼哥也一樣，建立起很多革命情感。」KID緩緩地回憶道，「例如我遊戲打趴他了，他坐在旁邊認真分析為什麼贏不了，做任何事都保持著認真的態度面對，就算是很愚蠢的遊戲，他也會努力準備和練習。」

那些感觸映照出他們接收到的溫暖，也是他們想要延續下去的能量。「《玩很大》教會我如何面對任何事情，也教會觀眾怎麼樣正向地面對遇到的任何難關，包含生老病死。你說學會去面對，我覺得不太可能，因為這樣的狀態會持續發生，不應該停在當下什麼也不做，我們活著的人還是得繼續向前。」小董說，這是感悟，是他在這節目學習到最重要的一課。

既然是家人，就會永遠為他保留一個位置。

謝謝你們陪我們一起瘋

從第一集泰國行到現在十週年前進土耳其，飛行里程數的累積，意味著《玩很大》全體成員與玩粉是雙向奔赴的愛。只要有玩粉支持，就是大家繼續前進的動力，他們不給毫無意義的承諾，但只要玩粉還在的一天，這趟旅程勢必沒有終點站。

一轉眼十年過去，《玩很大》締造出各式各樣的創舉；像是九週年前往阿曼王國拍攝，不但是全臺首個在該國家拍攝的綜藝節目，還在看不見盡頭的沙漠中大玩大逃殺，瘋起來可說是沒有極限。

「印象最深刻的一趟外景是肯亞，那是我全世界最想去的國家之一。好不容易《玩很大》要帶我去非洲了，我整個人開心到炸掉，想親眼看動物大遷徙，還有像牛羚暴衝的畫面。」現在回想起來，KID的表情仍興奮到模糊，「但最難過的是後來我輸了，紅隊秉持遊戲精神，不讓我坐上熱氣球欣賞非洲美景，連我說要自費多待幾天、等我看完再處罰都不准！」「天堂與地獄」留下的遺憾，ＫＩＤ固然覺得可惜，但套句憲哥所說，這就是《玩很大》的價值之一；不為了效果造假，全憑真實力決定自隊命運，既刺激又緊張。

「我最難忘的一次是紐西蘭的高空彈跳……」坤達說完哈哈大笑，因為在他的人生必做事項清單中沒有涵蓋那件事，「重點是我不敢，我記得那次明明我們隊的球數比較多，但中場抽球環節卻輸了，最後要選兩個人上去高空彈跳。」看著隊員苦苦求饒，坤達簡直被逼到牆角沒得選，只能挺身而出，即使失了魂，在橋邊拖時間，最終還是被工作人員推下去，造就了其經典名場面之一，現在回想起來依然餘悸猶存。

「有過一次經驗，我已經突破自己了，也覺得似乎沒有想像中可怕，可怕的點是站在上面往下看的時候，所以我告訴自己，如果之後再有高空彈跳這種懲罰的話，我一定要很快跳下去。上次完全不知道在幹嘛，反而賓哥（賓智孔）整個人像小鳥一樣飛出去，超帥的！」坤達望向坐在對面的小董，深怕自己亂講話許願成功，於是馬上改口：「這只是我對自己喊話，但我不知道做不做得到喔！」

「永遠不知道紅隊會怎麼對付我們（笑），不用期待下一次挑戰會是什麼，猜來猜去也猜不到，反正逆來順受。現在上《玩很大》的心情已經調適成這樣，畢竟怕歸怕，玩一玩還是會覺得滿爽的。」

不管任務是什麼，接招就對了，不排除站在上帝視角的玩粉們，也特別喜歡看他們被遊戲或懲罰折磨的模樣。相較之下，紅隊的「玩很大」是建立在始料未及的突發狀況，雖然觀眾不見得會知道每一幕畫面背後成員經歷了哪些苦難，但那些苦不堪言的趣事，事後反倒成為令他們印象最深刻的笑料。

C成員舉例讓她錄到懷疑人生的越南外景：「通常會在錄製前和導遊溝通，請對方和現場協調需要的協助。但那次遊戲是轉盤，轉到什麼就玩什麼，我完全沒辦法提前告知人家等一下會玩什麼，導遊也一直逼問我，但我真的不知道啊！場地不能溝通，道具也不能溝通，可是窗口又是我，環節變得很緊繃，有一度是拍攝當下臨時得找一輛車子，明天要載藝人去別的地方，我和導遊在類似鄉下那種一望無際的產業道路上，硬要找出一輛小發財車。導遊可能心情已經很「賭爛」，想說錄個影怎麼會什麼都不知道，他也沒有很高的意願要幫我找，最後只能一個人走在路上到處尋找，邊走邊落淚，心想我怎麼這麼可憐？要在這荒郊野外搞成這樣？」

說好的出國旅行，搖身一變成出國受苦，那次經驗讓感性的C成員不負眾望再度為節目獻上淚水。「當天還是沒有找到，因為時間晚了，只能隔天再解決。大家關心也不是因為看到我哭，全部人只在乎車子在哪裡？」患難見真情，在工作面前，就算是家人也不宜感情用事。

「還有一個是楊丞琳的企劃！」C成員的話匣子一開，恐怕和「話癆」KID有得比。「邀約時，唱片公司說非宣傳期沒有計畫上節目。後來我們改從IG開始和她互動，讓她慢慢記住有一個《玩很大》小編很常到她的版聊天。我們想出一個專屬於丞琳的案子，不是為了宣傳。當時我剛好負責敲通告，溝通過程讓我印象非常深刻，有一種她來上節目是我說服的感覺。」

所謂闖關難過關關過，若遇到挫折灰心喪志而選擇放棄，就不具備《玩很大》的勇士精神，每當以為要被現實擊垮，終歸不退縮。在追逐理想的路上，每個人的眼神都散發著無人能及的閃耀光芒，看著設想的節目內容從零起步，一路乘風破浪走到一百步，成就感油然而生。他們不是天生的工作狂，而是不想辜負玩粉的期待，想要帶給玩粉更多歡笑。

「最重要的是，謝謝他們的喜歡。我覺得要對一個節目不離不棄十年很不容易，即便對另一半，要維持這樣的關係相處十年都不一定能做到。看到很多觀眾每個禮拜六晚上十點準時回到家鎖定，可能以前是大學生，到現在已經結婚生小孩，跟著孩子一起看，真的覺得我們何德何能可以這樣陪伴大家度過人生各種時期。」小董發自內心表達感謝。

「我前陣子剛好去看五月天二十五週年演唱會，有一個很大的感觸是，以我們來說，持續產出新作品，玩粉逐年增加，也許哪天我長大了，可能再也不看《玩很大》，但我的小孩或其他朋友搞不好會加入成為玩粉。無論如何，《玩很大》一直在這裡，希望可以繼續陪伴觀眾長大。」小葉姐說。

節目能長年生存不是偶然，因為信念一致，才有辦法朝同一個目標努力，坤達想對玩粉說：「雖然有些觀眾朋友說節目沒有變化或新意，但我們是秉持某一個精神走下去；就像一間餐廳，菜色沒有改變過，喜歡吃的人還是會一直來吃，也希望大家繼續喜歡《玩很大》。假設你中途離開過、一度放棄我們，也期待你可以再進來看看，看我們在搞什麼把戲。」

「玩粉一直以來都存在於各個角落，尤其我到南部的時候感受更強烈，因為他們比較熱情，會特地穿玩T出門，還說這樣做是期待哪一天可以在路上巧遇我。他們想要告訴我們，在電視機後面的自己有多麼地支持《玩很大》，還有舉辦每一週年的活動都會傾巢而出，親自參與給我們鼓勵，我真的很感動。玩粉很溫暖，每個人都是好人，像紅薯阿嬤那集播出後，玩粉看到就說要每天去草屯，攤子前大排長龍，他們也不想讓阿嬤那麼辛苦。」ＫＩＤ自豪地說出玩粉是他的驕傲。

《玩很大》團隊與玩粉擁有彼此是很幸福的一件事，坦率地付諸行動為對方應援；看完節目，一週工作的疲憊都消失殆盡，玩粉從節目中獲得飽滿的能量，能夠回歸現實生活中繼續面對各項挑戰，與此同時，紅隊、黃隊及黑隊也從玩粉的反饋中得到療癒和幸福感。

「這幾年發生很多事情，我心境上的轉變是，以前可能做每一件事情都會很用力，一直往前衝，忙到忘記生活、忘記顧後面的人。一路到現在，反而覺得應該要適時慢下來，看看身邊的人是不是跟上了、關心一下，更珍惜當下和每個人相處的過程，以及享受自己做的每一件事，這樣才會更珍惜從中獲得的東西，也會讓自己更開心一點。」小董道出《玩很大》帶來的啟發。

「對我們來說，不太會把《玩很大》視為一份工作而已，比較像生命中的一段經歷，我的三十歲到四十歲就等於《玩很大》。例如我在這節目期間，經歷懷孕、生兩個小孩，即使現在沒有負責《玩很大》，還是會看他們在做什麼，有種看自己小孩長大的感覺。」小葉姐說。

「《玩很大》是我人生很重要的一部分，帶我去到很多地方，也讓我體驗了很多不同的第一次，讓我看到自己更多不一樣的面向。」《玩很大》與坤達之間的連結相當深厚。

「《玩很大》的精神在於『好看』這兩個字，裡面充滿勇氣、好人、默契，有很好的團隊合作精神，種種因素加起來，造就節目誕生到現在十年了。這不是偶然，也不是說電視臺有錢在撐腰。我們很認真地盡量做出玩粉會有興趣和喜歡的節目，你能不能接受，那是你的選擇，但不要用謾罵的方式對付我們，因為我們也是玻璃心團隊耶！」聽見ＫＩＤ的肺腑之言，小董嘴角持續失守，「真的啦！

我們很需要大家的鼓勵。」

在《綜藝玩很大》大家庭的他們，輕盈地踩著自信步伐，一起描繪未來輪廓，缺少任何一個人，這個節目就無法完成。

憲哥：「謝謝紅隊，也謝謝玩粉。我們共同經歷生命中無法忘記的——每一次玩很大！」

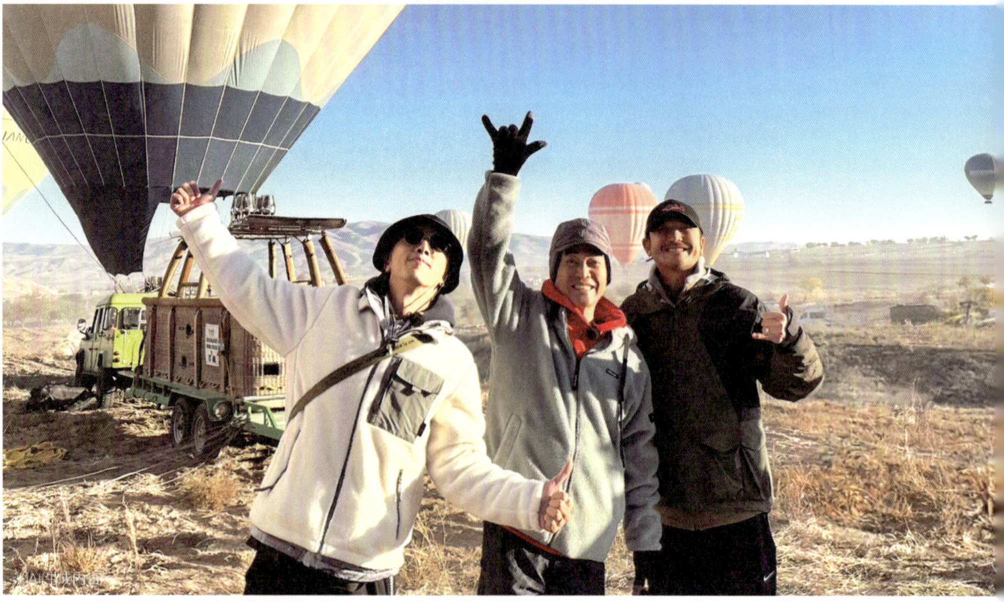

CHAPTER 4
十週年，不小心玩出真感情

玩
MR.PLAYER

VIEW 系列 151

綜藝玩很大：10週年有笑有淚全紀錄

口述——綜藝玩很大

二〇一四年七月十九日起開播的外景實境遊戲節目，由中視、三立電視、好看娛樂共同製作，每個週末在中視主頻及三立都會臺播出，主持人為吳宗憲、林柏昇（KID）、黃鴻升（小鬼）、坤達。節目以豐富多變的遊戲關卡，激發參賽藝人全力拚鬥，帶給觀眾熱血實境感受。並於二〇二三年及二〇二四年榮獲電視金鐘獎「最具人氣綜藝節目獎」。

撰文——陳思婷

時尚媒體編輯出身，現為自由接案者，採訪和寫作是興趣，主要從事藝人服裝造型工作，平時以英文名 Allison 走跳江湖。

喜歡透過文字加深角色輪廓，把具有溫度的真實故事傳達給讀者。

時報文化出版公司成立於一九七五年，並於一九九九年股票上櫃公開發行，於二〇〇八年脫離中時集團非屬旺中，以「尊重智慧與創意的文化事業」為信念。

口　述——綜藝玩很大
撰　文——陳思婷
副總編輯——邱憶伶
副 主 編——陳映儒
封面設計——魚展設計
內頁設計——張靜怡

董 事 長——趙政岷
出 版 者——時報文化出版企業股份有限公司
一〇八〇一九臺北市和平西路三段二四〇號三樓
發行專線——（〇二）二三〇六—六八四二
讀者服務專線——〇八〇〇—二三一—七〇五
（〇二）二三〇四—七一〇三
讀者服務傳真——（〇二）二三〇四—六八五八
郵撥——一九三四四七二四　時報文化出版公司
信箱——一〇八九九臺北華江橋郵局第九九信箱

時報悅讀網——http://www.readingtimes.com.tw
電子郵件信箱——newstudy@readingtimes.com.tw
時報悅讀俱樂部——https://www.facebook.com/readingtimes.2
法律顧問——理律法律事務所　陳長文律師、李念祖律師
印　刷——華展印刷有限公司
初版一刷——二〇二四年十一月十五日
定　價——新臺幣四八〇元
（若有缺頁或破損，請寄回更換）

綜藝玩很大：10 週年有笑有淚全紀錄／綜藝玩很大口述；陳思婷撰文．
-- 初版．-- 臺北市：時報文化出版企業股份有限公司，2024.11
256 面；17×23 公分．--（VIEW 系列；151）
ISBN 978-626-396-947-6（平裝）

1. CST：綜藝節目　2. CST：電視節目製作

557.776　　　　113016260

ISBN 978-626-396-947-6
Printed in Taiwan